アグネ承風社サイエンス　013

これであなたもうまいそばが打てる！

# 科学的にみた「おいしいそば打ち」の安田流・秘伝技術

安田　武司

# はじめに

初版の、「名人による『そば打ち』とその科学」では、そばの基本知識、簡単なそば打ち法、安田流そば打ち基本技術、そして最終章に「そば打ち放浪記」と題して、そば打ちを始めたきっかけから素人そば打ち名人獲得までを面白可笑しく綴りました。

二版では「科学的に見た『そばQ＆A』」と題して、「そば」や「そば打ち」さらに「そばの茹で方」「汁と薬味」等のQ＆Aを、そば好きな皆さんが楽しんで読んでいただけるような内容を取り上げ、1問1答式で記しました。そして第1版で評判の良かった「そば打ち放浪記」を二版では北海道、紋別での「全日本素人そば打ち名人大会予選」の様子を綴りました。

両版とも、読者の皆様に日本文化である「そば食」に関する基本的知識を仕入れていただき、ご自分で打って「おいしいそばを食べていただきたい」との思いから執筆いたしました。

その後もそば打ち法について日々考察を重ねて行くうちに、初版の「第4章　安田流そば打ち基本技術」の内容を科学的に補足し、強化したいという気持ちが膨らんでまいりました。しかし、それが必要なのかどうか確信が持てず筆を執ることをためらっておりました。そんなある日、「アグネ承風社」の朝倉健太郎先生（東京大学）にお会いした時に先生は「安田先生、次の原稿は進んでいますか。楽しみに待っていますよ」

と、執筆しているのが当然のようにおっしゃって下さり、それを聞いて私は思いました。「そば打ちを生涯の趣味としている素人そば打ち達、そして職業とするプロの職人達でさえ自身の伝統的な匠の技を解明したいと思っているに違いない。しかし彼らにはそれを科学的に解明する術がない。半面、科学的内容に詳しい学者たちは、匠の技を持ち合わせない。そこで私の出番だ。私にはそれぞれの匠や専門家からすれば、足らない部分も多々有るが、科学的解説もできるし、そばを打って証明することもできる」と……。

そんなわけで、気を取り直し、そば打ち人生の集大成として「安田流そば打ち法」を応用まで広げ、そしてまとめようと取り掛かりました。

そこで今版は先ず第1章で「そば粉の成分を科学的に」と題してそば粉の主な成分は、そばを打つのにどのように関わっているのかを解説いたしました。この章は他の章を読んだ後に読まれても良いと思いますし、他の章を読まれている最中に疑問を持たれたとき等読んでいただけると参考に成るかと思います。

そして第2章では「おいしいそばとは」と題して人にとって「おいしい」とはどのようなことなのか、「おいしいそば」とはどんなそばなのかを私なりに追求してみました。

第3章ではおいしいそばを求めて切磋琢磨する友人たちに「何故そうする」と質問を投げ掛け、その解答を得ましたのでそれに解説を添えて紹介させて頂きました。

第4章では、初版「名人による『そば打ち』とその科学」の「安田流そば打ち基本技術」をさらに考察を重ね、それに乗っ取って行う「安田流そば打ち特殊技術」を解説いたします。

第5章では初版にはなかった、粉の量の違いによる打ち方や、更科打ち、丸延し法などを科学的面も含めて記しました。段位認定やそば打ち大会などにも参考になるかと思います。

そばを打たれる方は、いろいろなそば打ち道具を考案し使用しています。篩受け、薄手の駒板、ちり取り、その他にも素晴らしいアイデアがいっぱいです。私もかねてから「軽いそば切り包丁」は出来ないかと考えておりました。そんなある時、金属の専門家である東大の朝倉先生と出会い、その望みが現実化の様相を呈してまいりましたので、私の若い頃の料理修行の経験やそば打ちとの出会い、そして朝倉先生との出会いから、「超軽量そば打ち包丁」開発までを最終章の第6章で記しました。

そば打ち法や解説につきましては色々なご意見があることと思います。あくまで本書の内容は著者の意見ですのでご了承ください。

執筆にあたりご指導いただきました先人の方々やそば打ち仲間達、そして本書の出版・編集にあたり貴重なご意見を賜りました「アグネ承風社」の朝倉健太郎先生（東京大学）にこの場を借りて心から御礼申し上げます。

安田武司

— 目次 —

# 第1章　そば粉の成分を科学的に

そば粉の成分を科学的に理解することは、そば打ち技術向上のためだけでなくおいしいそばを打つことにも役立ちます。私自身もそばを打つ上で科学的知識は大いに役立っています。そば打ち達はご自身が行っている巧の技を科学的に解明したいと思っているに違いありません。そこで第1章ではそばの主な成分である、デンプン、タンパク質、脂質が、おいしいそばを打つためにどのように関わっているのか考えてみましょう。

またこの章は、そば打ち作業に疑問を持ったときに後で読まれるのも良いと思います。少しでも疑問解決のために役立てていただければ幸いです。

## デンプン

生物は細胞でグルコース（ブドウ糖）（図１－１）を分解し、生きるためのエネルギーであるＡＴＰ（図１－２）を作り出しています。その結果生ずる他の物質（二酸化炭素や水など）は気体や液体として生体外に排出しています。ガスレンジでガスを燃やして熱エネルギーを取り出し、その結果生じる二酸化炭素や水を空気中に放出しているのと同じです。

しかし、ガスを燃やすのと同じように生体内のグルコースを急激に酸化分解すると、生物は丸焦げになってしまいます。ですから、酵素を使ってゆっくりと分解し、生きるためのエネルギー（ATP）を取り出しているのです。

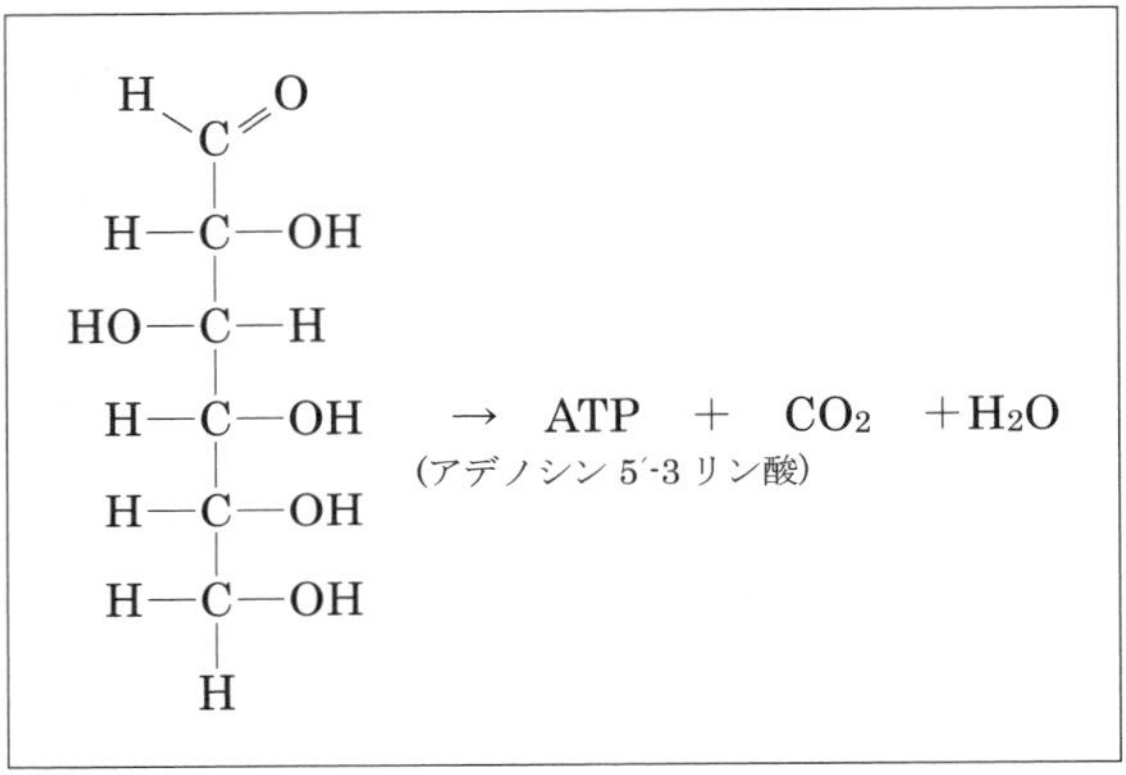


**図1－1　D-グルコースとその分解の模式図**

C：炭素　H：水素　O：酸素

グルコースは鎖状構造と環状構造との平衡状態にある。ここに鎖状構造を示す。

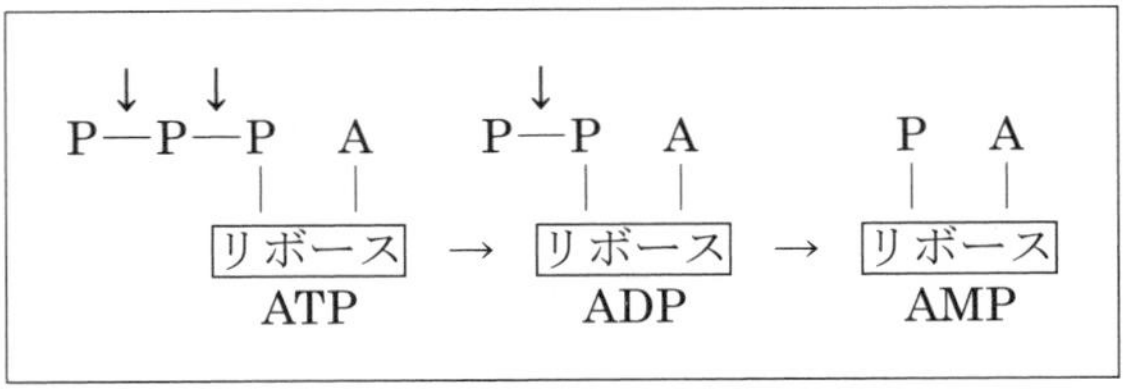


**図1－2　ATPとリン酸エステルの分解**

P：リン酸基　A：アデニン　リボース＝五単糖

（↓の部分を切断することによって大きなエネルギーを放出するので高エネルギー化合物と言われる）

リン酸基が3個でATP、2個でADP、1個でAMP、AMPは高エネルギー化合物ではない。

このグルコースが２つ結合した物質（二糖）（図１－３）がマルトースで麦芽糖として知られています。さらに数百～数万個連なった物質（多糖）がデンプンです。これは植物が貯蔵多糖として合成する主要な栄養素で、ソバの実（図１－６）はおよそ70％がデンプンで、胚乳部分に多く存在します。

このデンプンはアミロース（図１－４）とアミロペクチン（図１－５）という物質の混ざり物で、アミロースはソバデンプンのおよそ25％を占め、図１－４のように６単位のグルコースが１回転となるような右巻きらせん構造を作っています。この構造はらせん間で水素結合により安定化しています。

一方アミロペクチンはそばデンプンのおよそ75％を占め、平均５個～25個グルコース単位ごとに分枝を持つ巨大分子です。ちなみに動物は、これとよく似た構造のグリコーゲン（アミロペクチンに比べると分枝が多い）という多糖の形で肝臓や筋肉などに貯えています。そして肝臓では必要に応じてこのグリコーゲンを分解し、グルコースとして血中に放出して体中で利用しています。

アミロースとアミロペクチンは細胞質中にランダムに存在するのではなく、両者が混ざったデンプン結晶として存在します（図１－７）。この両者の割合は植物によって異なり、食感にも影響を及ぼすと考えられます。アミロペクチンの多いデンプンは糊化したときにモチモチ感が期待できますし、アミロースの多いデンプンは糊化したときにドロッとした食感になる傾向があるようです。例えばピラフなどに利用されるインディカ米はアミロースの割合が多く、粘りの強い餅米のデンプンは１００％アミロペクチンが成分です。

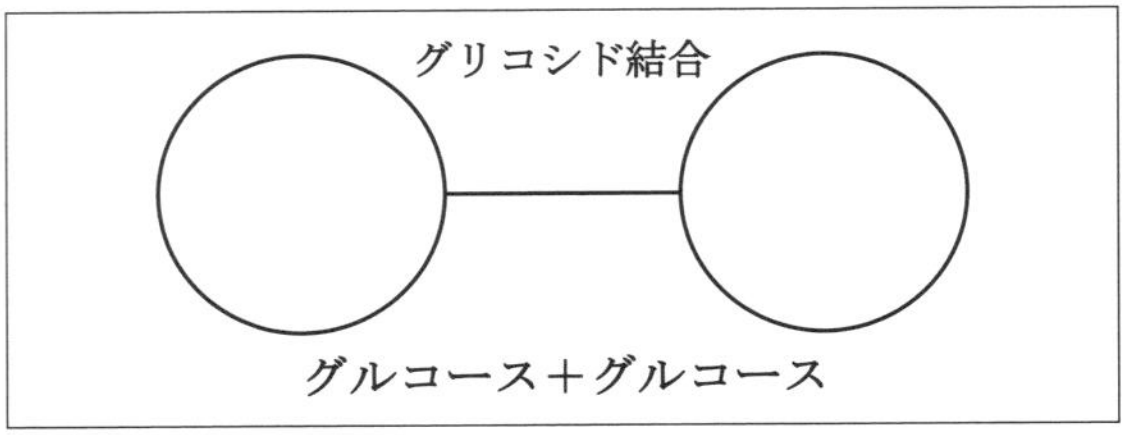


**図１－３　マルトース（麦芽糖）**

○：グルコース

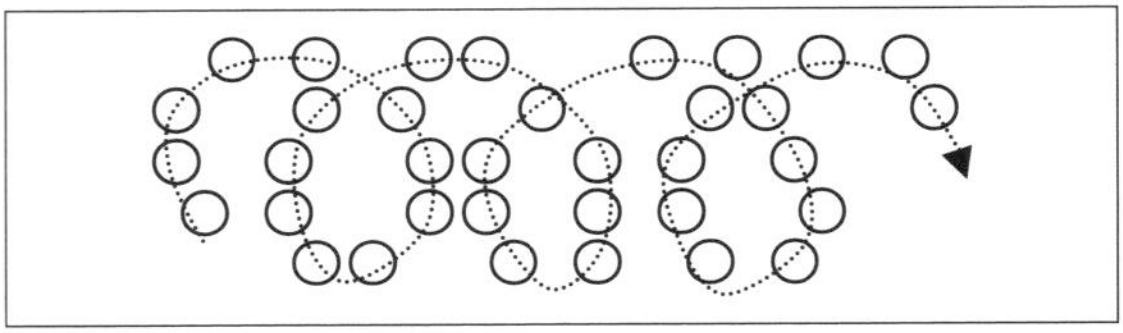

**図１－４　アミロース**

○：グルコース

グルコースがコイル状にグリコシド結合でつながっている。

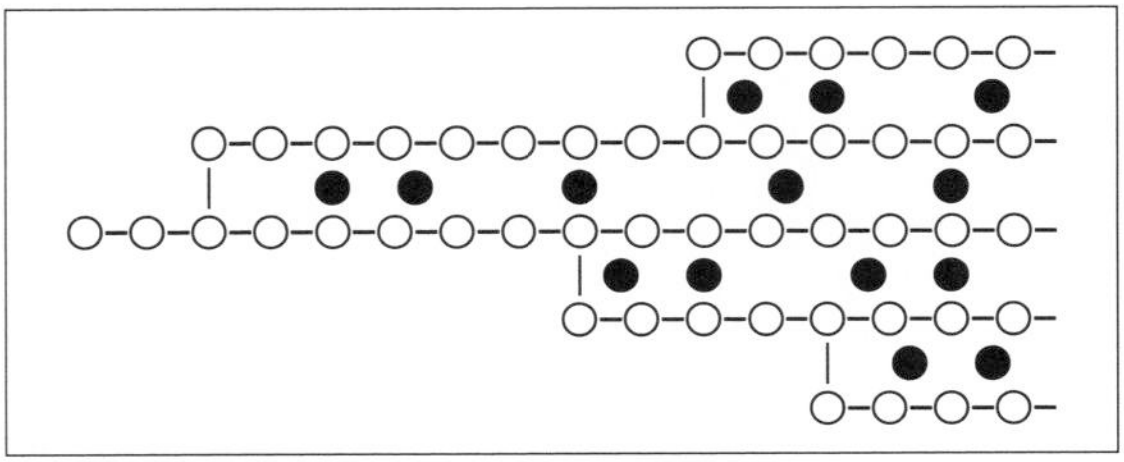

**図１－５　アミロペクチン**

○：グルコース　●：水

グルコースが枝分かれ状にグリコシド結合でつながっている。加水し加熱すると水が入り込み膨張し糊化する。

図1－7の丸い一粒がデンプン結晶と思われます。これに水を加え、およそ60℃以上に加熱するとアミロースは溶けはじめデンプン結晶から離れて単分子状になります。その結晶の空いた部分に水が浸入し、アミロペクチンの枝間に入って膨張し（図1－5）、更に80℃以上に加熱すると、分子どうしが水分子を介して強く結合して粘度の高い糊状のデンプン（αデンプン）

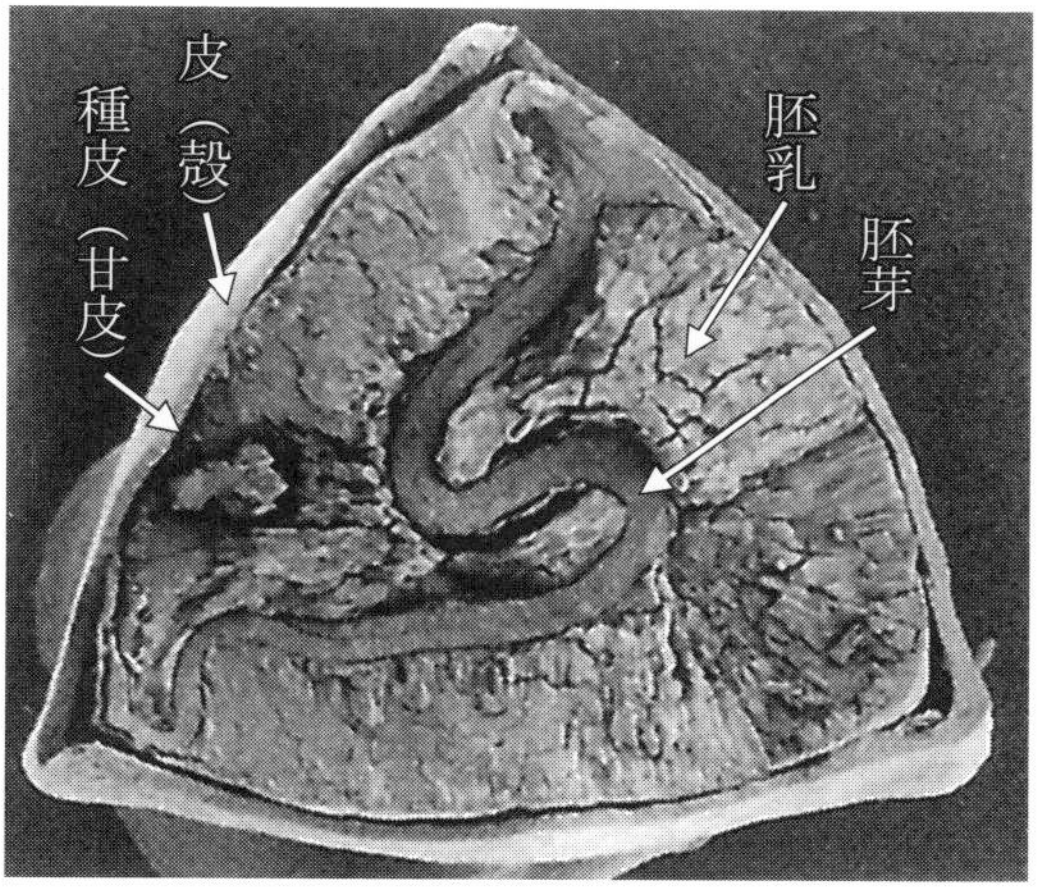

図1－6　ソバの実

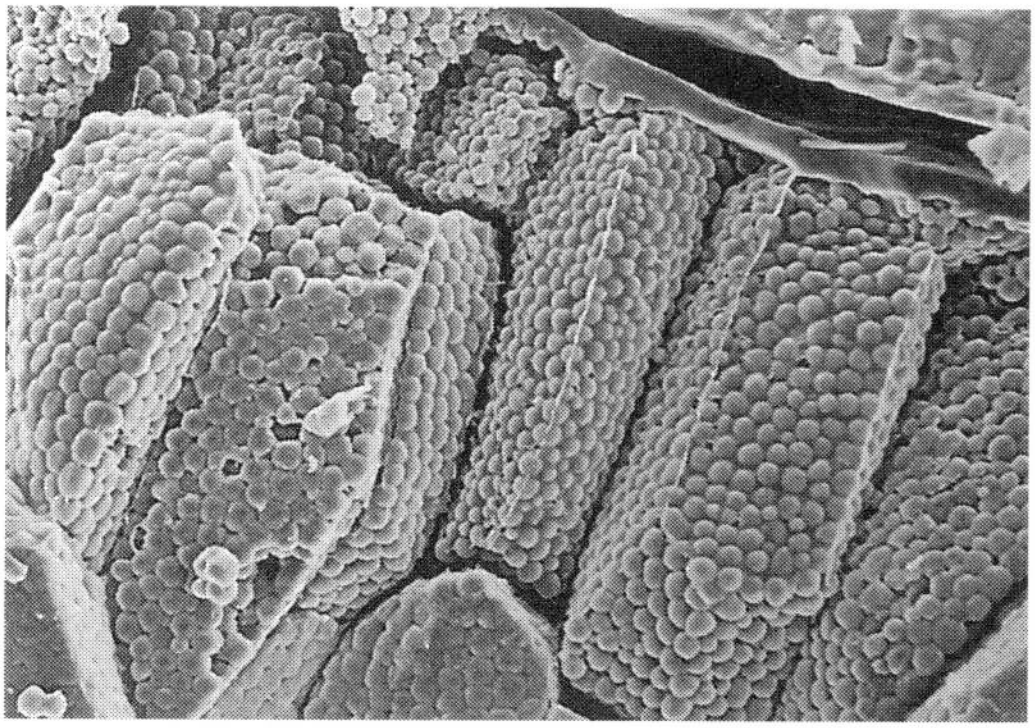
図1－7　デンプン集合体の電顕像
デンプン結晶と思われる球状の粒子が集まって膜でおおわれている。

となると思われます。

そば粉に熱湯を加えて糊を作り、それを練り合わせてつなぐ「友つなぎ」といわれる手法はデンプンのこの性質（糊化）を利用しています。

デンプンは口腔内で唾液腺アミラーゼ（プチアリン）により、ランダムに加水分解されて飲み込まれます。食物が口腔内にある時間はわずかですから消化は不十分です。最も小さく分解されてもマルトース（図１－３）までで唾液腺アミラーゼでは単糖のグルコース（図１－１）までは分解されません。口の中でお米をよく噛んでいると、ほのかな甘みを感じるようになります。それはデンプンがマルトース（麦芽糖）やデキストリン（グルコースが幾つか結合した物質）などの甘味成分まで分解されたのが原因であると思われます（図１－８）。

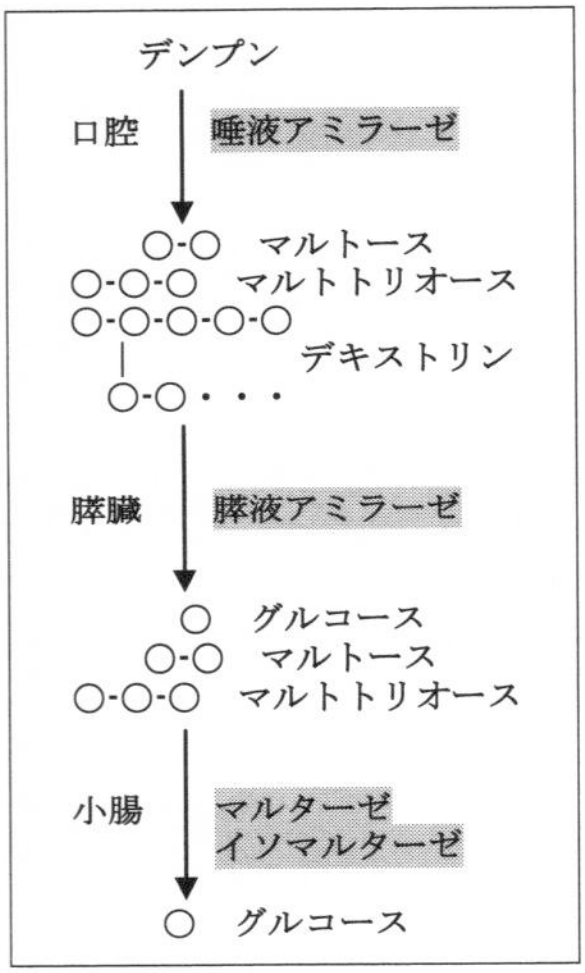


**図１－８　デンプンの消化**

○：グルコース

▒：酵素

東洋人の成人はミルクに含まれる乳糖（グルコースとガラクトースの二糖）を分解する酵素のラクターゼレベルが低い人が多い。

この人達が牛乳を飲むと乳糖が腸内細菌により分解されてできた物質が苦痛を伴う消化管異常を起こす事がある。

和食で乳製品を使わないのはそのせいだろうか。

もし、口腔内でデンプンがグルコース（ブドウ糖）まで分解されるとしたら、お米や小麦などのデンプンが主成分である食品は、口の中でとても甘くなってしまいますから、きっと穀類は主食に成らなかったでしょう（身体ってうまくできていますね！）。一部は十二指腸付近で膵臓から放出される酵素によってグルコースまで分解されますが、ほとんどは小腸の酵素によって単糖まで分解されてから吸収されます。小腸は甘さを感じませんから大丈夫です。

アミラーゼはソバの実の中にも含まれます。この酵素によってデンプン中のアミロースは加水分解されやすく、その結果甘味成分となるはずです。つまりこの反応は水がなければ進みませんのでそば粉の粒子全体に水が行き渡り、十分練り込まれることによってほんのりと甘味を感じるおいしいそばになると思います。

## タンパク質

タンパク質は、糖質、脂質と共に三大栄養素の一つで、生体内のあらゆる場所に存在しています。そばの実では中心から殻に向かうほどその割合は高くなり（胚乳にも含まれます）、特に甘皮部分には豊富に含まれています。

タンパク質は20種類のアミノ酸（図１－９、10に一般式とヒト必須アミノ酸を示す）が多数結合した高分子で、単独（単純タンパク質）でも存在しますが、脂肪と結合（リポタンパク質)、核酸と結合(核タンパク質)、糖と結合(糖タンパク質)その他、種々の物質と結合(複合タンパク質)して存在することが多いようです。

たとえばヒトの体内での機能の例を上げますと、触媒作用(アミラーゼ、リパーゼなどの酵素)、生体防御(免疫グロブリンなど)、物質輸送(ヘモグロビン＝酸素の輸送、トランスフェリン＝鉄の輸送)その他25万~100万種もあると推定されています。

ソバの実のタンパク質は溶媒への溶け方によってアルブミン、グロブリン、グリアジン、グルテニン、残渣に分類することができます。小麦粉にはグリアジンが多く含まれます(表1－1)。アルブミンは水に溶けるタンパク質でそばの麺線を繋ぐのに役立っています。

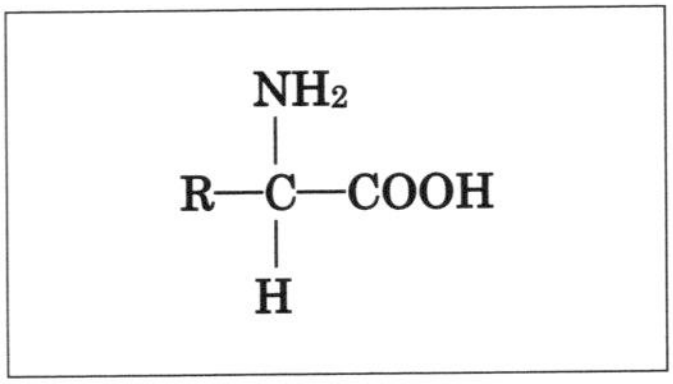

**図1－9　アミノ酸の一般式**

R：側鎖

Rの部分の違いによって20種類のタンパク構成アミノ酸がある。

ヒト必須アミノ酸のR部分の例

$CH_3$—CH($CH_3$)—　バリン

$CH_3$—S—$(CH_2)_2$—メチオニン

$NH_2$—$(CH_2)_4$—リジン

その他の必須アミノ酸

- トリプトファン
- トレオニン
- ロイシン
- イソロイシン
- フェニルアラニン
- ヒスチジン

**図1－10　ヒトの必須アミノ酸とその側鎖の例**

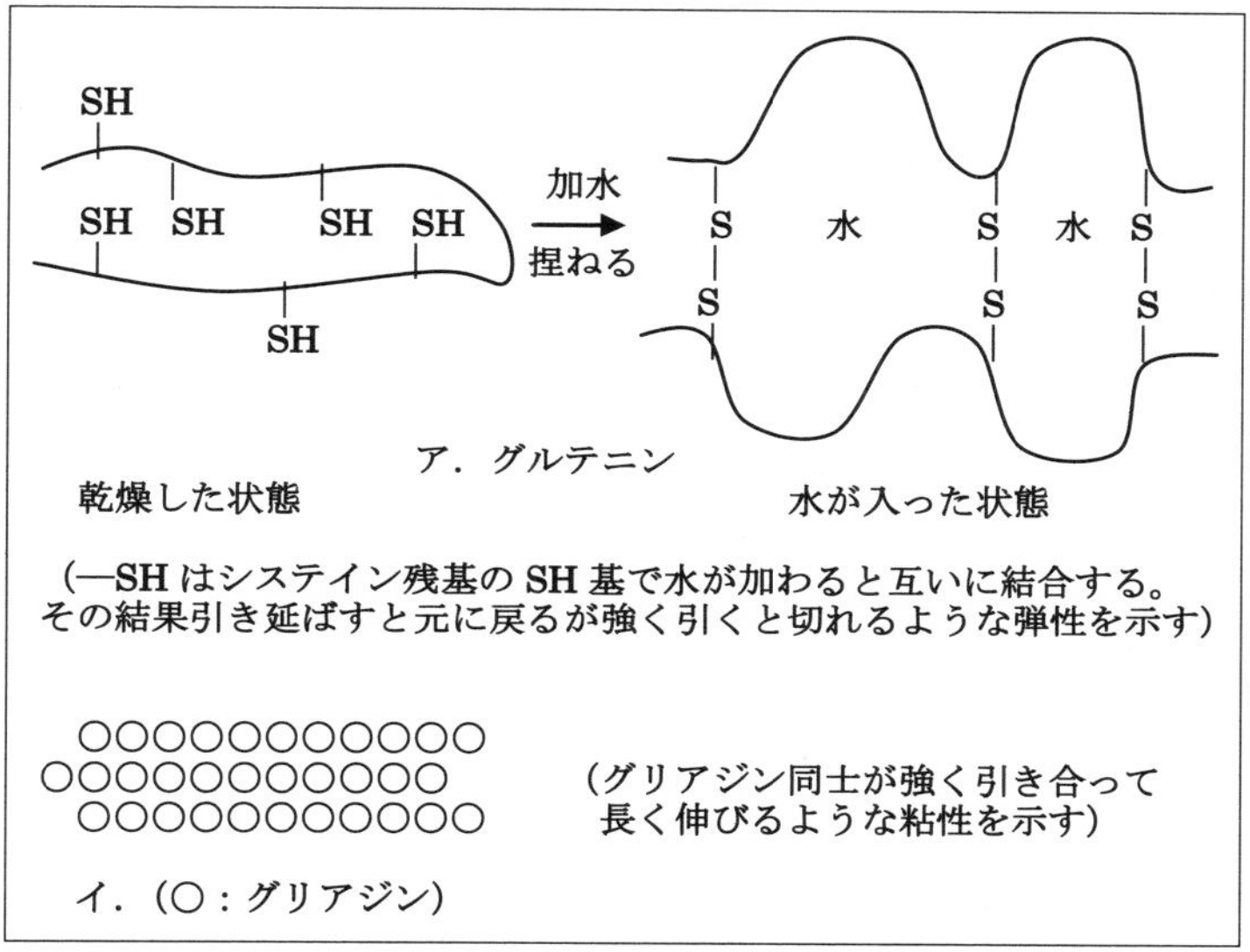
SH
SH SH SH SH
SH
加水
捏ねる
S S S
S S S
水 水
ア．グルテニン
乾燥した状態
水が入った状態
(—SH はシステイン残基の SH 基で水が加わると互いに結合する。
その結果引き延ばすと元に戻るが強く引くと切れるような弾性を示す)
(グリアジン同士が強く引き合って
長く伸びるような粘性を示す)
イ．(○：グリアジン)

**図１－11　グルテニンとグリアジンの模式図**

| 物質（溶解性） | アルブミン（水） | グロブリン（0.5-NaCl） | グリアジン（70％エタノール） | グルテニン（0.5Ｍ-酢酸） | 残タンパク質 |
|---|---|---|---|---|---|
| そば粉質量比％ | 18 | 43 | 1 | 23 | 15 |
| 小麦粉質量比％ | 15 | 3 | 33 | 16 | 33 |

**表１－１　そば粉と小麦粉の主なタンパク質の質量比**

グロブリンはタンパク質全体の43％程含まれ、ソバの実中では最も多いタンパク質で、塩類溶液には溶けますが水には溶けません。グルテニンも酢酸溶液には溶けるのですが水には溶けません。しかし、グルテニンは（図1－11ア）ひも状のタンパク質で、そこに水を加えて捏ることによってシステインの—SH基どうしが結合（—S–S—結合）し、その中に水が入り込んで弾性を示します（図1－11ア）。このグルテニンや他のタンパク質そしてデンプンや脂質といった物質が絡み合ってそばを麺線として繋げているのです。

小麦には表1－1にあるようにグリアジンというタンパク質が多く含まれます。このタンパク質は水を加えて捏ねても球状の単量体（バラバラな状態）で存在しますが、分子同士は互いに引き合ってとても強い粘性を示します。グルテニンとグリアジンを含む小麦粉ではグルテニンの弾性とグリアジンの粘性が混ざって、うどんなどの物性の源である粘弾性を示します。この両者の複合体をグルテン（図1－12）とよんでいます。

つまりそば粉を捏ねる一つの目的はグルテニンに水を加え弾性を引き出すと共に、その他の分子との複合体を形成すること。うどんを捏ねるのはグルテン形成そしてその他の分子との複合体の形成なのです。

ですから粉の成分の違いや仕上がりの目標によって当然捏ね方も違ってきます。たとえば、てんぷらの衣はグルテンの少ない薄力粉を使用し、グルテンの形成を抑えるためにあまりかき回さずに作ることによって、粘弾性を抑えてサクサク感を出します。また、グルテンの多い強力粉を使ってしっかり捏ねてグルテンを形成してから焼けば、硬いビスケットのようなお菓子ができますし、あまり捏ねずに焼けばサクサクとしたクッキーになるのです。パンなども使用する粉のグルテン形成具合によって食感が大きく違ってきます。

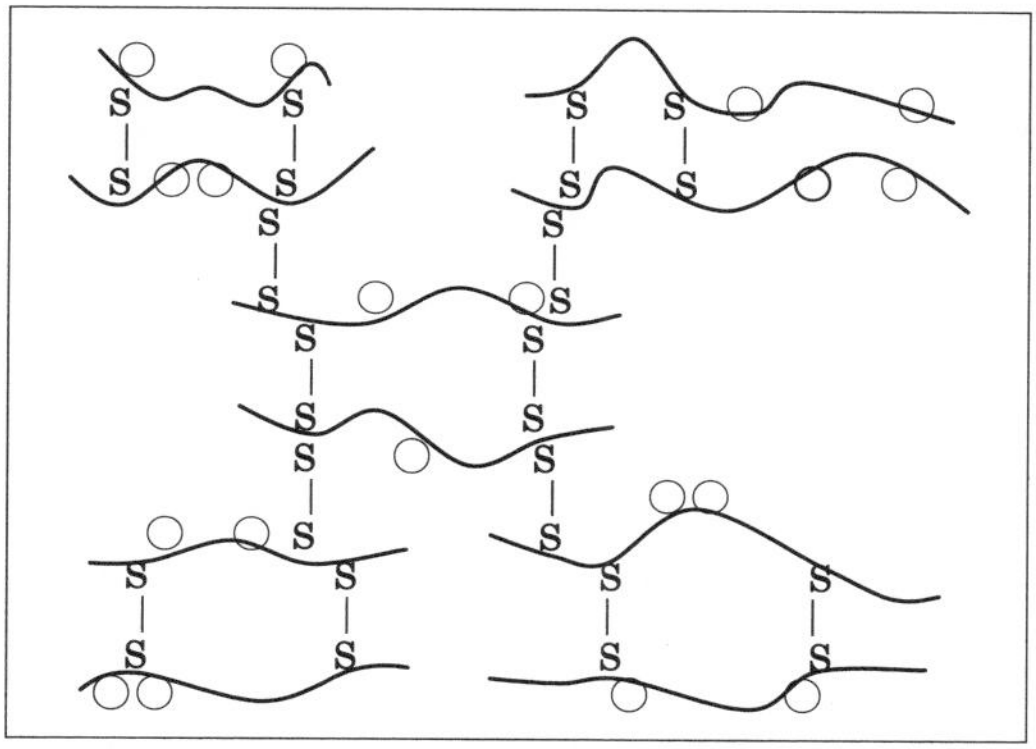

**図１－12　グルテン（クロスリンクの模式図）**
〜：グルテニン　○：グリアジン
・グルテンの安定化には―Ｓ－Ｓ―結合の他に水素結合やイオン結合なども係わっています。
・クロスリンクとは共有結合により２つ以上の分子を化学的に連結させるプロセスを言います。

自ずとそば生地も粉の種類（1番粉、2番粉、……粗挽き、並粉……、つなぎの量や種類など）によって練り方も変わってきます。これらの技術的内容については第4章の「安田流そば打ち法」で解説します。

御膳粉は実の中心に近い部分を粉にしたものですからその成分のほとんどがデンプン質です。つまりタンパク質がほとんど含まれませんので、水を加えてもサラサラとして、まとまりません。ですから湯を使ってデンプンを糊化し、その糊を利用してそばに仕上げるのです。

ちなみにそば粉に湯を加え、デンプンの糊化を利用してそばを打つ場合は、タンパク質は熱で変性し活性を失います。アミラーゼやグリアジン、グルテニンはタンパク質だということを忘れてはいけません。

## 脂質

脂質とはクロロホルムやエーテルなどの有機溶媒には溶けますが、水には溶けにくい物質の総称で構造上特に共通する定義項目はありません。しかし、天ぷら油が水に溶けないことや「太った」といえば「脂肪が溜まった」と感じるなど、普段から身近に脂質を感じていることは間違いありません。「甘いものを食べると太る」とよく言われます。甘いものはエネルギー源として重要ですが、摂りすぎますと余った糖やアミノ酸もやはりエネルギー源である脂肪と成って貯蔵されます。ですから筆者は水と塩さえあればこのおなかの脂肪を使って他人より長く生きられるわけです。

冗談はさておき、脂質は脂肪酸（表1－2）とアルコールのエステルを作り存在することが多いようです。図1－14はトリグリセリド（中性脂肪）と言われ、グリセロールと3分子の脂肪酸がエステル結合でつながった貯蔵脂肪の主成分です。ヒトの場合は皮下や腹腔などに脂肪組織として貯蔵されています。脂肪酸はモノカルボン酸で飽和（単結合のみから成る）と不飽

| | 慣用名（分類ω表記）　○:ソバに多い | 炭素数 | 二重結合数 |
|---|---|---|---|
| 飽和 | パルミチン酸　○ | 16 | 0 |
| | ステアリン酸 | 18 | 0 |
| | アラキジン酸 | 20 | 0 |
| 不飽和 | オレイン酸（ω９系）　○ | 18 | 1 |
| | リノール酸（ω６系）　○ | 18 | 2 |
| | α-リノレン酸（ω３系） | 18 | 3 |
| | アラキドン酸（ω６系） | 20 | 4 |
| | エイコサペンタエン酸（EPA）（ω３系） | 20 | 5 |
| | ドコサヘキサエン酸（DHA）（ω３系） | 22 | 6 |

**表１－２　主な脂肪酸**

**例：オレイン酸（C＝18）**

$$CH_3-CH_2-(CH_2)_6-CH_2=CH_2-(CH_2)_7-COOH$$

ω１　ω２　ω３～８　ω９　ω10・・・

**図１－13　オレイン酸**

オレイン酸は炭素数18個の不飽和脂肪酸です。左の炭素からω１（オメガ１）……と数えます。すると９番目と10番目に二重結合があり、このような脂肪酸をω９と言います。ですから表中のα-リノレン酸、EPA、DHAはω３となります。

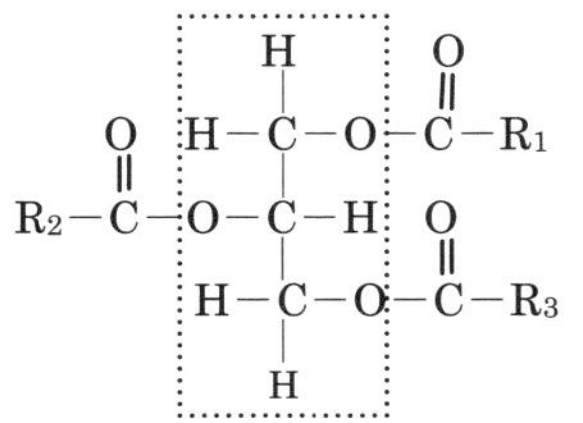


**グリセロールと脂肪酸（$R_1$～$R_3$）がエステル結合した物質**

**図１－14　トリグリセリド（貯蔵脂肪）**

⬚：グリセロール

和（二重結合を持つ）に分類されます（表１－２）。そば粉中のそれは、オレイン酸、リノール酸、パルミチン酸がほとんどで、その割合は脂質成分全体の80～90％とされています。

図１－14のトリグリセリドの脂肪酸一つがリン酸に変わった物質（図１－15）があります。これはリン脂質と言われ、生体膜（細胞膜や細胞内小器官の膜など）はリン脂質とタンパク質が主成分でできています。ですからソバの実の甘皮部分にも含まれ、そばにはこれが多いのが特徴的です。

この物質は、その分子中に水と親和する部分を持つ極性分子で、タンパク質やデンプンと強く結合する性質を持っています。ですからそばを長くつなげるのに一役かっている可能性があるのです。木鉢作業でそば粉に少量の植物油を加えると、つなげる力が上昇するとの報告がありますが興味深い内容です。「水回しは照りが出てから寄せるものだ」と聞いたことがありますが、これは、この脂質成分が、しっかりと水和してから、ということではないでしょうか。おいしいそばを作るための「水回し」作業の重要性はこの辺にあるような気がします。

「卵切り」といって更科粉を卵黄でつなげるそばがあります。お

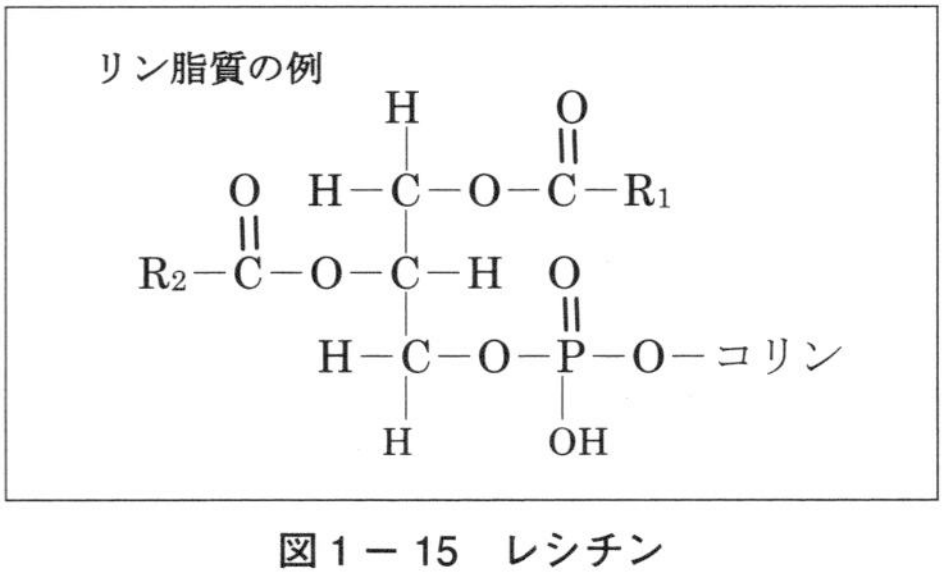


図１－15　レシチン

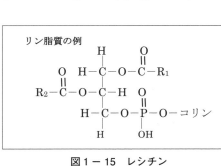

湯や水は使いません。全卵で打つように伝えられていますが、卵黄だけの方が色もきれいですし、食べても口当たりが良いようです。卵黄にはリン脂質（レシチン）が多く含まれ、これが更科粉をつなげるのに大きな力になっていると思われます。

更科粉にレシチンを加えて普通の並粉と同じように水で打ったところ、しっかりとつながりました。

脂質は麺線をつなげるのにも役立ちますが、そばらしい香り成分を作り出すのにも一役買っています。それは次の「その他の成分と健康」で記述します。

## その他の成分と健康

そば粉の微量成分を化学的に分析することはそんなに難しくはありません。しかし、それがおいしいそばを打つために、どのように関わっているのかを考察するのはとても難しい事です。

そば粉に含まれる微量成分の生体に対する有益な効果や、その量についての著書は沢山ありますが、それがどのようにそば打ちに関係するのかを示した著書はほとんどありません。

そば粉の成分としてよく話題になるのは、小麦粉や米粉などの穀類に比べてとても多く含まれるポリフェノールです。これは毛細血管を強化させ血圧・血糖値を下げる作用が有り、糖尿病の改善に良いとされています。また近年は活性酸素を除去できる物質として関心が持たれています。しかし、この物質はソバの実の殻と種皮に多く含まれ、製粉によって取り除かれることが有りますので残念です。

そばを打つとき加水してしばらく水回しをしているとそばの色が粉の時より濃くなってくるのがわかります。これはこのポリフェノールが、水を得たオキシダーゼ（酵素）によって酸化されて現れる一つの現象です。私はこの色を見て第二加水の時期を把握しています。

そばのミネラル（カリウム、カルシウム、ナトリウム、マンガン、鉄……）やビタミン類が特に健康に良い効果をもたらすように取り上げられますが、それらはほとんどの動植物が持っている物質で、生体では物質が代謝（身体に必要な物質を合成したり、分解したりすること）されるときには不可欠な物質です。

たとえばビタミンＡ（レチノール）の欠乏症では夜盲症や成長停止、ビタミンＤではクル病や骨軟化症の原因になる事を鑑みれば、これらの物質が代謝に関与していることは明らかです。

近年、食品に含まれるある成分が、特定の疾病や症状の改善に有効であり、あたかも特効薬であるかのように伝えられることがあります。実際、生体には抗酸化も必要ですが酸化も無くてはならない代謝系ですし、消化吸収の良いものも必要ですが難消化性の物質も必要なのです。

ビタミンＡの主要な供給源であるカロテンは緑黄色野菜に多く含まれ、生活習慣病や各種の「がん」に対する予防効果に主体的に関わっているものと考えられています。しかし、β−カロテンを、肺がんに対するリスクの大きい喫煙者に投与したフィンランドや米国での臨床試験では、逆に肺がんのリスクが大きくなるという結果が得られたり、または影響が見られないなどの成績が示されたりで評価に混乱がみられています。

そばに含まれるプリン体についてはどうでしょう。これはプリン塩基として生物中に多く存在します。プリン体は尿酸を作り出す原因物質の一つであり、この過剰摂取や排泄の減少は高尿酸血症を引き起こすおそれがあります。そば粉に含まれるプリン体の量は76㎎／１００ｇと他の食品に比べても決して少ない方ではありません。

つまり、食に関しては片寄りのない総合的な食物の摂取が重要だということです。

本書では「おいしいそば打ち技術」をテーマにしていますので、特に微量成分の中でおいしいそばの香りをかもし出している香り成分について考察したいと思います。

大学時代の同じ研究室の友人に、香料を生産する企業に勤めた者がおりまして、彼から色々な香り成分のサンプルを頂いたことがあります。たとえばカレーの香りを作る化学サンプルを直接嗅いでみましたら、それは刺激臭がしてとてもカレーの香りとは思えませんでした。彼が言うには、「においの成分はごく微量でその食物を感じるので、化学物質を直接嗅いでも刺激臭がするだけだ」ということでした。物質の香りは手で扇いで嗅ぐくらいは私も知っておりましたが、あれほど酷いにおいであるとは……、身をもって知りました。

そばのいわゆる「そばらしい香り」は多くの香り成分から成り立っていますが、その中でも主に不飽和脂肪酸（表1－2参照）が酵素や空気中の酸素によって分解されて生じるアルデヒドやケトンが原因だという事が示されています。たとえばリノール酸は酵素により分解されてヘキサナールやヘキセナールと成ってグリーンなにおい（乾草のような香り）を感じさせます。

酵素や脂質は細胞の表皮に多くソバの実にはオレイン酸、リノール酸、α-リノレン酸などの脂肪酸が多く含まれるために全粒粉は特に香りが強いことがわかります。

全粒粉でそばを打つとき、そば粉に水を加えて「水回し」を始めますと、そば特有の香りに部屋中が包まれます。見学している塾生たちは「いい香りですね」と口をそろえて言いますから、そばのその香りはおいしさの重要な要因になっていると言えるでしょう。

# 第2章　おいしいそばとは

これまで述べてきた科学的内容は皆さんにとってあまり興味ある内容ではなかったかも知れません。しかし、そばを打つとき「何故そうするのか、何故そうなるのか」を納得しながら作業を進めるならば、きっと役に立つことだと思います。疑問を持ったときに前版［1］も含めてその都度読み返していただけると嬉しく思います。

さて本題に入る前にあと一つ片付けて置きたい問題があります。それは「おいしい」とはどういうことなのかということです。

私を含め素人そば打ち達は、名人戦などで名人を獲得しますと、「何か一区切りついた」とでも思うのでしょうか、そこから進む道がそれぞれ分かれます。ある方は教室で後輩の指導に当たり、また、ある方はそば打ちではなく粉の研究に没頭します。中にはプロになられた方もいらっしゃいます。私は、おいしいそばを打つためのそば打ち法を科学的に追求しようと考え、まだ道半ばではありますが初版［2］で「安田流そば打ち法」なるものをまとめました。

どのような道を選んだとしても、彼らにはみな共通していることがあると思います。それは一区切りついて初めて「何のためにそばを打つのか」気が付いたという事です。ガムシャラに打っていたそばは、いつの間にか食べるための物でもなければ、自分を高めるためのものでもなく、ただ大会でトップを取るためや段位認定のため、それだけの物になっていました。フッと気が付いてみると、自分は「うまいそばが打てるようになって家族や友人に食べさせたい」等と思って、そば打ちを始めたことに気が付くのです。

ですからその頃を境に「うまいそばを打ちたい」と原点に戻るのではないでしょうか。私もその一人です。

しかし、ただ漠然と「うまいそばを打ちたい」と思っても打てません。何をどうしていいのか分かりません。そこでこの章では「おいしいそば」とはどんなそばなのか、私なりにまとめてみることにしました。

## 化学的成分がおいしさの要因になっている

おいしさを感じさせる一つの要因として味は重要です。甘味、酸味、塩味、苦味そしてうま味の5種類を基本五味と言いますが、これらの微妙なバランスがその製品の味を決定します。

これらの中の「うま味」成分としては、グルタミン酸塩（昆布から抽出できるうま味成分）、イノシン酸塩（カツオ節から抽出できるうま味成分）、グアニル酸塩（シイタケから抽出できるうま味成分）などが良く知られています。他にもイノシン酸やコハク酸およびコハク酸塩などが挙げられます。

そば自体にはこれらのうま味成分が多く存在するわけではありません。もちろんタンパク質はアミノ酸のペプチド（アミノ酸が多数結合し連なったもの）ですから、アミノ酸であるグルタミン酸はタンパク質の中には沢山存在します。しかしグルタミン酸がうま味成分として単独で多量にそばの中に存在するとは考えられません。またイノシン酸やグアニル酸は核酸の成分ですから胚芽《はいが》には多く存在します。しかしこれもまた単独でうま味成分として存在していると は考えにくいですし、存在するとしても僅かな量でしょう。脂質も存在しますが脂質自体には味はありません。しかし不飽和脂肪酸が酵素や空気中の酸素によって分解され、アルデヒドやケトンという香り成分になる事は記述しました。それがそば特有の香り成分の一つとなりますから、そばの香り成分としての脂質は重要です。

そば食いが良く言うおいしさの指標に「のど越しが良いそば」というのがあります。それはどんなそばなのか、歯ごたえがある、歯切れがよい、硬い、滑らかである……等では表現できない独特の表現だと思います。人が実際に食べて判断する官能評価試験により評価する方法がありますが、確かに「のど越しが良いそば」は存在し、デンプンとタンパク質の微妙な関係にあるようです。

デンプンはアミロースとアミロペクチンという２種類の多糖の混ざり物で、その割合はデンプンの性質を大きく左右します。つまりデンプンが主体製品の性質を大きく変化させることになるのです。

つまりそばを口に入れたとき「うまい」と感じさせるのは、先ず香り成分が作り出す「そばらしい香り」、そしてデンプンとタンパク質に関係すると思われる「噛み応え」や「のど越し」が主体であると思われます。

さて「おいしい」とはこれらの科学的成分によって感じられる口の中の出来事だけなのでしょうか。それは違います。その他多くの要因が絡み合った結果として感じることですから、その要因を幾つか記します。きっと読者の方にも共感できる内容があるのではないでしょうか。

## 思い出や経験がおいしさの要因になっている

私がこどもの頃、父母に兄弟3人の5人家族だった家は、父が病身だったこともあり決して裕福ではありませんでした。当時夕食がうどんの時は、なぜか煮込みうどんだった事が記憶に残っております。野菜やソーセージなどを入れグツグツと煮込んだもので、母は父や兄弟たちに盛り付けるとすぐ内職に戻りました。今考えますとあの煮込みうどんは量を増やすための得策だったような気がしますが、その得策を使わなくとも良くなった現在でも、あの汁がしみ込んだ太い煮込みうどんが食べたくなることがあるのです。

そんな時は、あのとき母親が作ってくれた煮込みうどんより美味いうどんにまだ出合ったことがないような気持に成ります。

また、こんなことが記憶に残っています。まだ学校に給食が普及していなかった頃の話ですが、私のお弁当のおかずは卵焼きが定番でした。醤油と卵の量が同じ位かと思われるほど塩辛い卵焼きで、私達兄弟３人で１個焼いて分配すれば、弁当箱にギュッと詰めた白米全部が食べられるような代物で、私たちは「ショッパタマゴ」と呼んでそれが大好物でした。

ところが、村で「……大尽」と呼ばれている家の友だちが、弁当に詰めてくる卵焼きは黄色いのです。いつか食べてみたいと思っていたそんなある日、一切れご相伴に預かる機会が訪れました。その味は衝撃的で、何と砂糖が入って甘かったのです。私が甘い卵焼きを食べたのはそれが初めてで、とてもご飯のおかずになるものではなく、あの時その友だちには言えませんでしたが、それはもう不味く感じたのを憶えています。

今と成っては出汁の効いた甘い卵焼きは好きですが、あれから半世紀以上経った現在でも、白米に「ショッパタマゴ」があれば、それだけでご飯が何杯でも食べられる気がします。しかし家内はそれを知らず作ってくれません。

これらは過去の記憶や経験が現在の私の「好み」を作っているわけで、個人的なおいしさとでもいいましょうか。

## 環境がおいしさの要因になっている

長野県の奈川で「全日本素人そば打ち名人大会」の予選が行われた時の話です。地方の大会には前日に現地入りして次の日に備えるのが私の常でした。今回も前日に到着し旅館に入る前に辺りを探索しながら昼食を取ろうと、中央高速の塩尻インターで降りて、当てもなく山の方に向かって行きました。「日本アルプスサラダ街道」という看板のある道を走っていきますと朝日村の細い山道の突き当りに「そば」の旗差しが掛かっておりました。

沢に架かる木の橋を歩いて渡り、店に入りますとそこは八畳ほどの土間で、左手は板の間のそば打ち場になっています。右手は畳が敷いてある座敷で客室です。ちょうどそばを打っておりましたので、その様子が見える場所に座り、そば打ちを見学させてもらいました。

座打ち丸延しで、生地を麺棒に巻いて何度か転がしながら延し、30度程方向を変えて開き、また麺棒に巻いて延します。これを繰り返すと、丸い生地は徐々に大きくなっていきます。その手慣れた作業は「さすが」の一言で見とれてしまいました。

程なくその奥から「もりそば」と「山菜天ぷら」が運ばれてきました。そば粉は玄ソバを石臼で挽いたようで、殻がポツポツと入った挽きぐるみのようでした。笊《ざる》に盛ったそばを箸でつまんで猪口に運ぶ途中にキラキラと光り、沢の水に反射する陽光のようで、汁に浸ける前に思わず口に運んでしまいました。

そばの味の話は一言もしておりませんが、おいしそうなそばに感じませんか。しかも、色は少し黒く、短めで、太めのそばだと思いませんでしたか。私自身何もそば店に聞いていないのに、「石臼挽きの挽きぐるみそば」と記述しましたが、そば好きな読者の皆さんはそれに違和感はなかったと思います。これは「環境が美味さの要因になっている」という例です。

観光地の土産物店で試食した菓子や、旅館で出された地方の名物などがおいしくて、それを購入してきたことはありませんか。ところが現地ではあんなにおいしかったのに家で食べてみたら「わざわざ買ってくるほどのものではなかった」なんてことはありませんでしたか。私はしょっちゅうです。

そうです。あの時は、確かにおいしかったのです。休日という解放感、山海の素晴らしい自然環境に浸かり、頬を伝う清涼な風、沢のせせらぎや海の波の音、つまり今食べておいしく感じないのは、あの時の味以外のほとんどの要因がなくなったからではないでしょうか。

## 先入観がおいしさの要因になっている

私の教室「そば塾彩蕎庵」では、私がデモ打ちをしたそばを塾生たちに食べていただきます。以前は塾生が打ったそばを皆さんで試食していたのですが、いつの間にか誰も自分のそばを試食して欲しいと言わなくなってしまいました。ある時、事務局長である小川喜久次さんが

「安田先生のそばは美味いですね。同じ粉を使って打っているのに先生のそばは味が違うのですよ。何故でしょう」

というのです。

「そんなことはありませんよ」

と何気なく言っておきましたが、事実なら嬉しいですね。しかし、これは完全に先入観です。まことしやかに講義をしながらデモの名の下に、全日本生粉打ち名人が打ったそば。食べる前に既に美味いのです。「十割そば」「本格手打ちそば」「石臼挽きそば粉」などの看板はお店に入る前に先入観で「おいしいそば」と暗示にかかっているのかも知れませんね。

## おいしさは多数決の原理

何例か、おいしさを感じさせる例を述べてきましたが、人にとって「うまい食べ物」とは、ただ味が良いというだけではないという事をご理解い頂けたと思います。味、香り、色、音、温度などの感覚は勿論のこと、環境やそれぞれが持つ思い出、そして今の体調や腹の空き具合まで総合的に取り込み、「うまい」と判断するのです。科学的にこれらを追求するには難しすぎるのです。ですから本当においしいそばは、ただ一人だけのものなのかもしれません。

ではこれらの環境が整わなければおいしいそばは食べられないのでしょうか。いいえ違います。人間は五感を使って美味しさを感じようとすることは前述の通りですが、そのどれかが欠けても、今存在する「おいしさの尺度になるもの」を使って判断するのです。

打ったそばをご家庭で食べるときや知人に差し上げて食べて頂くときは、たいていの場合、素敵なＢＧＭ、高価な漆塗りの蒸籠や猪口そして沢や水車などはありません。ですから評価はそばに集中します。かえってそば本来の味がわかるのかも知れませんね。

以前に「江戸ソバリエ協会」のほしひかる先生に
「本当においしいそばってどんなそばだと思いますか」

と質問させていただきました。すると先生はすかさず
「多数決ではないですか」

とお答えになりました。「さすが！」と思いました。人が実際に食べておいしさを評価する方法（ブライングテスト）こそが、多数決の原理ではないでしょうか。

ですから不特定多数の多くの客を相手にするおそば屋さんは、一年中いつでも同じ味、同じ品質のそばを提供することに最大の注意を払うと聞きます。このことは、店の味として多数決で多くの方が評価下さったものですから、それを維持することは重要な事なのです。

そのような事から、私達素人は、今ある環境と材料を使って最高においしいそばを打つことに専念することが重要です。安田流そば打ち法はそれを追求したそば打ち法なのです。

図２－１　並粉二八そば

図２－２　粗挽き生粉　細打ち

# 第3章　何故そうする

## こだわりのそば打ちとは

「汁にこだわっている」「粉にこだわっている」「……にこだわっている」とそば打ち達には多くのこだわりがあるようです。それは悪い事ではないと思いますが、やはりこだわりを持つ意味やその事によって生じる結果はある程度科学的に理解していたいものです。

たとえば水にこだわってそばを打たれる方は大勢いらっしゃいますが、……の名水を汲んで来て、それを使って打ったそばを、茹でたり洗ったりする水が水道水で良いのでしょうか。「デンプンは熱湯を加えることによって糊化する」ということは、茹で湯をアミロペクチンが取り込んで膨張するということです。やはり名水で打つなら茹でも洗いもその水で行うべきでしょう。また水は運搬するときの振動や温度そして時間によって変化します。つまり汲んできた水は名水として湧き出したときの水とは違っている可能性があります。それがそばにどんな影響を与えるかも知っておきたいですね。

この章ではこだわりのそばを打つ方を何人か紹介します。そしてなぜそうするのかを考えてみたいと思います。

## いばらき蕎麦の会　仲山徹氏

そば打ち大会に出場したり全麺協の段位認定に挑戦なさったりしている方なら彼を知らない方はいらっしゃらないと思います。素人そば打ち名人位獲得多数、全麺協六段の素人そば打ち界のカリスマ的存在である仲山徹氏です。彼は私が塾長をつとめる「そば塾彩蕎庵」にも所属しておりますので、本書を執筆するに当たり彼が思うこだわりのそば打ちについて回答を頂きましたので紹介させていただきます。

（彼の原稿を尊重し、頂いた回答をそのまま記載しましたが、ページの都合上削除させていただいた部分も有りますのでご了承ください。）

**そば打ち歴**

・平成12年　第4回山形県そば打ち名人大会（名人位）
・平成14年　全麺協（四段位）
・平成17年　第2回全日本素人生粉打ち名人大会（名人位）
・平成22年　第2回大江戸蕎麦打ち名人大会（名人位）
・平成25年　第一回武蔵の国名人大会（名人位）
・平成25年　全麺協（五段位）
・平成30年　北海道名人大会（名人位）
・平成30年　第二十二回関西そば打ち名人大会（名人位）
・平成30年　第二十三回全日本素人そば名人大会（名人位）
・令和４年　全麺協（六段位）

## １・そばの打ち方

### 水回し

そば粉の状態や加水方法により、工程毎に手の動かし方や指の形、力の入れ具合などを変えて水回しをしていますが、現在も模索中です。水の浸透が悪いと食べた時に水っぽいそばになってしまいます。

### 捏《こ》ね

水回しで完全に浸透できなかった部分の捏ね方

・十割の場合では、全体に水分が浸透したかどうかを見極めています。

（比較的水分が多いため初心者は全体に水分が回っていないことが多いようです。）

・二八の場合には、全体に水分を浸透させると同時に小麦粉のグルテンを引き出すことを意識して粗捏ねし、菊練りではグルテンを破壊しないように優しく全体に張り巡らせる事を意識しています。

### 延し

・出来るだけ上の方から加圧することを意識しながら、表面をよく観察し表面が乾燥しないように心がけて、延し圧が出来るだけ均等になるようにしています。

（加圧が少ない場合、茹であげ時に表と裏側が膨張するため若干平麺に切る必要があります。）

切り

・均等に茹で上げるために出来るだけ同じ幅に切ることを心掛けています。

**2・美味しい蕎麦へのこだわり**

・延し切りでは、打ち粉を出来るだけ少なくして、余分な打ち粉がそばに入り込まないようにしています。

・延し圧や切りでは出来るだけ均等な太さに揃え、茹で上りが均等になるようにしています。

・そばの茹でと洗いでは、そばの角を崩さないように、茹で上げや水でさらす工程を丁寧にし、盛り付けも少しずつ盛り付けます。そばが絡まないようにしながら麺線どうしの間に隙間が出来るようにして、食べやすさや見た目を重視しています。

**3・蕎麦粉へのこだわり**

そば粉の挽き方を色々と試しながら美味しいそば粉を求めている状況です。単なる粗挽きでは美味しくは出来ないので、同じ玄そばを分割して挽き方を変えないと中々美味しいそば粉にはありつけません。簡単に書きますと、石臼を上げて隙間を作り粗挽きそばを作ります。しかしこの状態の粉を打ってそばにしても美味しくありません。そこで、これを更に篩《ふるい》に掛けて大きい粒だけを石臼を下げて挽き直します。これをブレンドしますが、これでも不十分なため、更に、分割して取っておいた丸抜きを挽きます。この三種類で出来た粉をうまくブレンドすると、見た目や味が左右されます。そのそば粉に適合した挽き方を見つけるのが難しく私にはまだよくわかりません。

単純に細かく挽いてしまっても、さほど美味しくなりませんので普通粉でも二度挽きが必要だと思っております。まだまだ勉強中です。

## 「そば塾彩蕎庵」そば打ち強化合宿でのデモ打ちから

平成４年（２０２２）５月４日に行われた「そば塾彩蕎庵春期そば打ち強化合宿」で仲山徹氏に、「なぜそうする」というテーマでデモ打ちをお願いしました。その質疑応答の様子を紹介させていただきます。

「そば塾彩蕎庵そば打ち強化合宿」とは、そば塾彩蕎庵に所属する会員たちが一堂に会し、そば打ちに関する様々な課題を持ち寄り、それを考察するのが目的で開催されます。

今回は「なぜそうする」と題して幾人かの会員達にデモ打ちを行っていただき、その最中に皆で様々な質問を投げかけ、デモ打ち者がそれに答えるという方法で行いました。

彩蕎庵には全麺協の五段位、六段位、そして各種大会で名人位を受賞している方達が大勢所属していますが、今回は引き続き仲山氏のデモ打ちとその質疑応答の様子を紹介させていただきます。そば打ちの皆様にも大いに参考になることと思います。

**水回し**

（そば打ち台の周りに会員達が集まり、細かなところまで彼の所作を伺っている。部屋の空気が緊張に包まれた中で彼は「宜しくお願いします」と声を掛けると黙って粉を篩い始めた）

**粉篩い**

**仲山**　誰も質問してくれないので自分で言います。（すると部屋の空気が和らいだ）粉を篩うとき小麦粉は、そば粉とそば粉の間に入れます。小麦粉に抹茶で色を付け、篩ってみる実験を行ったのですが、最初に小麦粉を入れた場合は混ざりが悪いことを確認しました。

**安田**　確かに小麦粉の量は少ないですから先に篩ってしまうとその上に篩ったそば粉の量が多いので混ざりにくそうですね。

**仲山**　小麦粉を最後に入れると小麦粉が篩に残り掃除しにくいので、そば粉→小麦粉→そば粉の順に篩います（篩い終わると篩を奇麗に掃除して所定の場所に置いた）。

第1加水は必要量の70～80％位回し入れます。水をできるだけ触らないように注いだ水の上に粉をかぶせ、大まかに水を分散します。その後、内回しで勢いよく撹拌します。基本的には外回しをしていますが、内回しは回転速度を早くすることができるので最初は内回しで行っています。

**掛札**　内回しが上手く行かないのですが良い方法はありますか。

そば粉半分その上に小麦粉

更に残りのそば粉

全体が混ざるまで10秒

始めに小麦粉全部を篩う

次にそば粉全部を篩う

全部混ざるまで15秒

**仲山**　練習あるのみです（笑）。

その最中にも両指を開いて粉を確《しっか》りすくって「あおり」を入れますが、その時膝を使って軽やかに、体全体であおります。

**安田**「あおり」を入れる理由は何ですか。ただ単に粉全体の粒子の濃度を揃えるだけならそんなに多用する必要はないと思いますし、天地返しならば回数が多いことによってかえって効果が薄れると思います。

**仲山**　粒子にショックを与えることや水の分散を的確に行うために行っています。

**原**　Gショックそば打ち法ですね（笑）。

（仲山氏は第2加水で必要な加水量の9割以上を加え、同じようにリズミカルに水回しを続けました）

**仲山**　粒が大きくなり始めたところで指先全体に体重を掛けて回し始めます。これはなぜだか分かりませんが、安田先生がそうしろと言ったのでそうしています。

しかし、そうすることによって粒にツヤが出てきます。すると、まとまりが早くなるのです。更に指の股を最大限に開いて粒子が間を通るようにコロコロと転がします。

最後に決め水をして少し回して終了です。

**捏《こ》ね**

**仲山**　水回しでの水の偏りを無くすために、しっかりと腰を入れて捏ねます。水が均等になったら小麦粉のグルテンを作り上げるために優しく捏ね上げます。1・5kg以上を捏ね上げ、小麦粉のグルテンが作用してくると、その反発力を手に感じることがあります。
　この辺で手を洗います。手を洗わずに更に作業を続けると手に付いて乾いた粉が生地に入ってしまう恐れがあるのでよくありません。
(彼が手を洗っている間にドウを押して硬さのチェック、表面の練りの状態をチェック、会員達はあら捜しに一生懸命ですが、さすがに見つからないようです)

**地延し**

**仲山**　腕と台の角度を保ち体重が乗るように手に続いて腰も回します。最終段階では上から押すというより麺帯を滑らすイメージで手の平全体を使って平らに仕上げます。地延しは後々の作業に影響しますのでしっかり行います。

**丸出し**

**仲山**　ネコ手で麺棒を下から上まで前方に転がし生地を延して行きます。波延しで大きくすることも有りますが、段位認定会の事も考えて今日はこの方法で丸を整えます。
(延して少し回転を繰り返すと、およそ60センチ弱の真円に成った)

ある程度の大きさになったら、厚みの調節に入ります。全体をよく見て厚みが一定になるように直します。

（筆者が見た感じでは、この時点で大きさも厚みも揃っていました）

この段階まで打ち粉は降らない方が表面のキメが細かく奇麗ですね。前田さんがそういうので今日はそのようにやってみました。

**前田**　（実際に触れてみて）本当に奇麗です。キメが細かくてツルツルです。

**安田**　ネコ手で前に延して大きくするのではなく、上から圧を掛けて延しているので生地が荒れずにきれいなのですね。

**四つ出し**

**仲山**　打ち粉は全体に振ります。巻棒に巻き付けたらリズミカルに前方に転がします。

**篠崎**　巻き付けた最後の部分（四つの角に成る部分）が転がしながらパタン、パタンと音がしますが意味はありますか。

**仲山**　遠心力で延ばすためです。

（手を止めずそう言い放つと、すかさず延し棒を解いた。一辺がおよそ70㎝のきれいな正方形でした。この時、初心者ほど辺と角そして中央の厚さの差が大きくなります。さすが彼は殆んど一定でした）

**仲山**　四つが出て形が悪いとき手で治す方がいますが、それをやってはいけません。少し形を直したいなら麺棒で行って下さい。

**安田**　そうですね。癖になってしまうと無意識のうちに手が動いてしまいますから、気をつけた方が良いですね。

**肉分け幅出し**

**仲山**　中央から端のラインに肉を移動するイメージで左右のラインを奇麗に揃えます。私は下のラインを奇麗に整えたいのですね！　良いのかな？

（そう言いながら、ある程度両サイドが整ったら今度は下のラインを念入りに仕上げました。再度下半分の全体を下げ延して厚さを整えた後、巻き棒に巻き付け、残り上半分も同じようにラインや厚みを揃えて横にしました。彼の早業に皆さん質問を忘れていたようです。とにかく幅が85センチ前後の奇麗な長方形になっていました。もちろん全体の厚みは見事に一定です。いよいよ本延しです）

**一同**　きれいに厚みが整っていますね。

**仲山**　左のラインから整え右のラインに進みます。その時、延す部分の前に体があるように麺台を左右に移動します。

（幅出しの時と同じように下半分が延し終わりましたら巻棒に巻いて上半分を延し、１８０度

回転して更に下の部分をしっかり確認して仕上げました）

**仲山**　麺棒に巻いたときに厚さの違いなどを発見したときは再度開いて調整します。自分の場合はこれで終了ということはありません。厚みが整っていなければどんなに奇麗に切っても奇麗なそばには成りません。厚いところだけを延しなおすのでそんなに時間はかかりません。

**切り**

麺帯はできるだけ手前に、つまり切り板の上でも体からなるべく近い位置にセットします。

（できる限り真上から麺線の太さを確認するためと思われます）

そして上に振る打ち粉はできるだけ少なくしています。その方がキレイな麺線に仕上がります。

（そういうといつも通りリズミカルに切り始めました）

**仲山**　切った麺を置くときはできるだけ先端が揃うように工夫しています。

延しの厚さと切り巾は同じになるように切っています。延しが薄くて幅広に切ってもその逆でも平麺になってしまうので、食味をそそるそばにはなりません。

駒板が曲がってきたら切り板と平行になりませんから分かってきます。切りながらも良く見ていれば自然とそれは調節できるものです。いつも確認しながら切りを進めましょう。

残りの麺帯10㎝程は落とし包丁で一気に切り進めます。

以上

これは彼が石臼で粉を挽いて打ったそばです。美味しそうですね。この状態を作り上げるには多くの試行錯誤が繰り返されたことと思います。本当に研究熱心です。

蕎麦殻をミルで粉砕し60目で振るった殻を４％投入した。
20目を９％、30目を５％、40目を10％、60目以下を66％、小麦粉10％で打ってみた。
見た目は、黒い星が見えていい感じに仕上がった。
殻が小さいため包丁作業も支障をきたさない。

仲山　徹

# 「久蔵庵」店主　平松一馬氏

そば打ち歴

・２００４年　地元の手打ちそば愛好会の年越しそば打ち講習会に参加
・２００５年　全麺協初段位最優秀賞
・２００６年　全麺協二段位
・２００７年　全日本素人そば名人大会　予選通過
・２００７年　全麺協三段位優秀賞
・２００８年　全日本素人そば名人大会　努力賞
・２０１０年　全麺協四段位最優秀賞
・２０１２年　全日本素人そば名人大会　名人位
・２０１８年　全麺協五段位認定
・２０２１年　定年退職「久蔵庵」開業

彼とは北海道の紋別市で出会いました。現在は北海道の北広島市島松でこだわりのそば店を夫婦で営んでいます。

長野で行われた「全日本素人そば名人大会予選」で敗退した私は、次の予選開催地である北海道の紋別に出かけて行きました。そこには「予選大会」の前に「迷人戦」という変わったそば打ち大会があったのです。それがユニークな大会で、そばを打つのに麺棒やこま板、計量器等も使用禁止なのです。おまけに１㎏のそば粉を自分の感で量るため、必要な加水の検討もつきません。その１㎏をどれだけ正確に量れたのかも順位をつけて点数となるのです。審査委員の評価のみならず、使用した打ち粉の量、屑の量も順位がつけられ、それらの合計点が最も少ない選手が勝者、つまり「迷人」の称号を頂けるわけです。まさに「迷人戦」です。

その大会の最中何気なく向かいの選手を見ましたら、その中に奇妙なそば打ちをする人物がおりました。先ず鉢に水を注ぎ、その上に粉を篩い、鉢を両手で持ち上げてユサユサと揺らし始めたのです。確かにその方が粉に対して水の浸透が良い事は事実ですが、大会でそれをやるとは……。

彼の名は「平松一馬」、彼は非常に研究熱心で努力家でもあり、この時は私と一緒に予選を通過しましたが、思った通りその後「全日本素人そば名人大会」で名人になりました。今では私を「兄さん」と呼んで慕ってくれますので、私も「一馬」と呼んで兄貴風を吹かしております。

この一馬が定年退職し、そば屋を開業したのです。連日売り切れの行列そば屋になったようです。本当に嬉しい限りです。

この一馬に「そば打ちの『こだわり』と『うまいそばとはどんなそばなのか』」とメールで聞いてみました。早々に返信を頂きましたので、ここでは彼の返信をそのまま記載し、それに対する私の考えを記したいと思います。

**メールにて**

**一馬**「兄さんご無沙汰しております。ご依頼の件に付きまして回答させていただきます。概要のみで申し訳ございませんが、ご利用いただければ有難く存じます。一馬」

**水回し**

水を加える前に粉合わせを充分に行います。そば粉と小麦粉がまんべんなくしっかりと混合するまで入念に粉合わせを行います。ここをしっかり施しておかなければ後々のムラにつながるからです。

**筆者**　昔は混合粉（つなぎ粉とそば粉を混ぜた粉）を、木鉢を置くために使用した大桶の中に保存して、その粉を使ってそばを打ったそうです。ですから、いつからかその混合粉を木鉢下と呼ぶようになったのです（藤村和夫著『麺類杜氏職必携』）。

一日の仕事が終わると新前のそば職人が粉だらけになりながら次の日に使う混合粉を用意し

ていました。つなぎ粉とそば粉がどこをとっても一定に分布していることは、そば（製品）の偏りを防ぐ上でとても重要な事です。粉の分布が一定になるように混ぜるだけなら、打つ前に混ぜればよいのですが、粉に含まれる水分や他の成分までしっかりと混合するには、前日に混ぜておくのがベストと言えるでしょう。「木鉢下」、昔の職人さんには脱帽です。

また生粉（十割）だからといって篩を通した後混ぜないのは間違いです。粉は篩を通したときに粒子の大きさが偏ってしまいます。生粉（十割）でも粒子の大きさや成分が何処を採っても同じ分布になるように、しっかり混ぜることは重要だと思います。

**一馬**　「水は、いつもやかん（ティファール）を使用しています。それは加熱する必要があるからです。つまり水は近くの岩山から染み出る岩清水を使用していますので冷たいのです。冷水は使いません。夏でも人肌程に加熱して使用します。冷水をそば粉に与えるのは失礼と思っているからです。私達でも冷たい水を背中にかけられたら飛び上がりませんか？　そば粉だって同じだと思います。冷たいはずです。

**筆者**　彼のそば粉に対する愛情を擬人法で表現するところは、一馬の人間性が良く出た言い回しですね。そんな心の優しさが美味いそばを打つ秘訣なのかもしれません。

お店を訪ねたときに聞きましたが、勿論茹でるのも地下水を使用しているそうです。と言うか、店には公的な水道が引かれていないのだそうです（笑）。

そばを打つときの温度ですが、化学反応は温度が高い方が進みます。それは反応する分子の運動が激しくなり、分子どうしの出会いや衝突が激しくなるからです。しかし、そばに含まれるグルテニンの弾性や小麦粉を入れた場合のグルテンの粘弾性を利用するなら、温度が高すぎてはいけません。それらはタンパク質ですからあまり高いと熱変性を起こしてしまうからです。

酵素もタンパク質で、その活性は40℃前後が最も高いと思われます。そのような意味で、人肌程度の水をいつも使用することは一定な製品をお客様に提供する上でも重要なこだわりだと思います。もちろんそのような事は一馬も知って実行しているのです。


**一馬**　私は基本的に「外回し」です。１回目の加水は、１kgのそば粉だと、おおむね３００ccの水を注ぎます。もちろん目分量です。毎日「やかん」で加水しているのですが、ほぼ正確だと思います。

加水後、直接指が水に触れない様に周りの粉をその上に掛けながら少しずつ回して行きます。左右の手（指先）が一回転したら必ずそば粉全体が動くような手の動かし方を心がけ、粒子全体に水が行き渡る様に撹拌します。ゆっくり大きく全体を回します。鉢の手前には粉が滞りやすいので注意して動かします。

第２加水は、おおむね１００ccです。その後も第１加水と同じように作業し全体が均一な粒になるように撹拌します。

第３加水は調整水です。10本の指先の腹で水分量を感じ取り水回し終了です。

**筆者**　調整水はわずかと思われますので計算に入れませんと、第１加水で必要量の75％加え、第２加水で残りのほとんどを加えていますね。後は調整水としています。加水の量については仲山さんも同じ様です。第４章で詳しく述べますが私もおおよそ同じです。

**捏ね**

水回しが終わり一塊にしたものを、右手で上から押しつぶす様に前に押し出して練り込みます。この時大切なのは、肘を曲げない事です。肘を曲げることで折角のパワーがすべて逃げてしまいます。すべての行程でも、腰を曲げない事、背中を丸めない事、そして肘を曲げない事は重要です。各所を曲げる、丸めることで、パワーが逃げ、その分筋力を使わなければならなく成ってしまいます。

十分練り上げた後、菊ねりに入ります。菊ねりとは菊の文様を作るのではなく、同じ動作を繰り返し行った結果、そのような文様になるのです。そばを打つ度に同じ力、同じ角度、同じ回数で作業を行う事は大切なことです。

その後のへそ出しは、きれいに中の空気が抜けるように焦らず慎重に行っています。

**延し**

先ず延しで重要視していることは「必ず割れ止め」を行いながら作業を行う事です。丸や四つに係わらず円周や辺そして生地の中央部分に至るまで、割れや生地の肌荒れを防ぐような作業に専念します。なぜなら「割れ」や「生地の肌荒れ」は茹でたときの「切れ」につながるからです。

もう一つ重要な事は、手延しする時も「練り込みも兼ねて行うイメージで」という事です。言葉でお伝えすることは難しいのですが、私のそば打ちは、割れ止め、潰し、練り込みのような作業がいつも行われています。このことは茹で上げた私のそばの食感に大きく影響していると思っています。

**筆者**　「割れ止め、潰し、練り込みのような作業がいつも行われています。」という事ですが、この事はとても重要だと思います。いろいろな大会に出場していた頃は、どうしても作業時間が気になり、短時間で生地を大きくしようとネコ手でグイグイ前に延していました。そのような作業では、生地が「痛いよ、痛いよ」と泣いています（擬人法。一馬の真似です）。

この事は4章で詳しく説明します。

**一馬**　私のそば打ちは基本的に「江戸打ち」です。地延しで、ある程度の丸を作った後麺棒で均一な丸に仕上げます。ここでも同じ力、同じ角度、同じ回数を正確に行うことで、丸の形が乱れずきれいな真円になります。

四つ出しは、生地全体に薄く打ち粉を降りますが、麺棒の巻初めの個所は少々多めに打ち粉を振っています。打ち粉が降られている部分が延びるからです。その後の作業で重要な事は四つの角になる部分は押さないイメージで巻延しをします。中々難しい事ですが、生地全体の厚みがほぼ均等になる様に練習しました。

このような四つ出しができるようになると、その後の肉分けや本延しも厚みを整える程度で済みますから、その後のそば打ち作業が簡単にそして短い時間で終了します。

**切り**

何度切っても上手になりません！　リズムに気を付け、力を入れず、乱れた時はすぐに切るのを止めることにしています。そして深呼吸をしてから仕切り直して切り始めるのです。

特に注意していることは立ち姿とでも言いますか、何しろ毎日４回程そば打ちを行いますから、疲れない様に工夫しています。力を使わない様に、腰を曲げず、背筋を伸ばして、しっかり床をとらえて立つことを心掛けています。

簡単に私のそば打ち作業のこだわりを述べさせていただきましたが、「美味しいそばを打つ」という事は私にとって永遠の課題です。そば粉の気持ちになって彼らに「おいしゅう～な～れ！おいしゅう～な～れ！！」と声がけしながら、心をこめてそば打ちを行っています。

迷ったり、悩んだりした時は、また兄さんに問い合わさせて頂きますので宜しくお願い致します。では、これにて失礼いたします。

「久蔵庵」平松一馬

「久蔵庵」その名は寒地稲作の父と称された仲山久蔵翁に縁あるこの地にそば店を開いたことに由来するのだそうですが、店内の内壁は石蔵の名残が重厚な空間を作り出しています。メニューはこだわりの一品のみ、一馬らしい。

・そば汁二種（左上：あったか汁、左下：つけ汁）
・先付け（そば味噌、卵焼き、季節の野菜）
・そば二種（二八そばと粗挽き十割そば）

「十割は石臼で挽いて20目の篩で篩った粉を使用しています。私の打てる限度の粉です」と言っておりました。

## 「裁ちそば処滝音」店主　星清信氏

南会津郡南会津町の「裁ちそば処滝音」の店主「星さん」のこだわりのそばを紹介しながらその技法を私なりに考察します。

この方の本職は建築業ですが、季節の予約でおそば屋さんも営業しています。ご自宅を改装したお店で、店内は客席の窓の下に渓流が流れ「たちそば処滝音」の屋号に相応しい落ち着いた雰囲気のお店です。星さんは、全国で開催されるそばのイベントなどに出かけて行っては、デモ打ちを行って「裁そば」の普及に努めています。

私も何回かお邪魔して手ほどきを受けましたが、その打ち方、特に切り方は特徴的です。

**作業**　先ず木鉢にそば粉を入れます。湯捏ねで生粉打ちです。通常は直ぐ湯を注ぎますが星さんはその前に粉の一割程の水を振り入れ、両手ですくっては手でこすり合わせ、粉全体をシットリとさせます。

**安田**　なぜ直ぐにお湯を入れずに先ず水で全体を湿らすのですか。

**星**　そばの風味が逃げないようにするためだ。

**作業**　鉢の中で粉を三等分し、その一山に沸騰した湯を注いで「そばがき」状にします。それに残りの粉を少しずつ練り込んでいきます。すべての粉を一塊にして固い場合は湯を足します。

**考察**　そばデンプンが糊化するためには60℃以上の熱湯が必要です。この作業で粉の三分の一は糊化したとしても、そこに冷たい粉を練り込んでいくので温度は下がり、三分の二はβ-デンプンです。しかしグルテニンは熱変性せずに残っていますから、この練り込みによって、主にデンプン糊の粘性とグルテニンの弾性（図1-11ア）を利用して麺線まで仕上げることになります。初めに全体を水で湿らせて置いたので溶解性の物質は一部溶けていますから、容易に全体が均一な湿り気に成ると思います。

**星**　軟いと硬くできねえけど、硬ければ湯を入れればいいんだ。

**作業**　固さの調節が終わった状態の碑を軽く捏ね、それをいくつかの玉（図3-3）に分けて乾燥しないようにビニール袋に入れて保存します。そば玉を小さく分けることがこの裁ちそば独特の手法でとても重要です。そこから一つ取り出して再度練り込みます。

**考察**　グルテニンに取り込まれた水は時間が経つと分離してしまいます（図3-1）。多加水でも同じような事が起こります（図3-2）。ですから作業に時間が掛かると水が分離して、麺棒が回らなくなってしまいます。生粉ですとグルテンの形成が有りませんから特に顕著です。解決方法は簡単です。分離する前に麺にしてしまう事です。そのためにはかなりのスピードが必要になります。あるプロの方に切れてしまうそば粉を切れないように打つ方法を聞きましたら「早く打つことだ」と言っておりました。

もう一つの方法は再度練り直すことです。星さんは軽く全体を捏ねた後等分して置いたものを一つ取り出し、再度練り直してから延しの作業に入っています。

つまりグルテニンが図３－１イの状態に成ったものを再度練って元（ウ）に戻したのです。

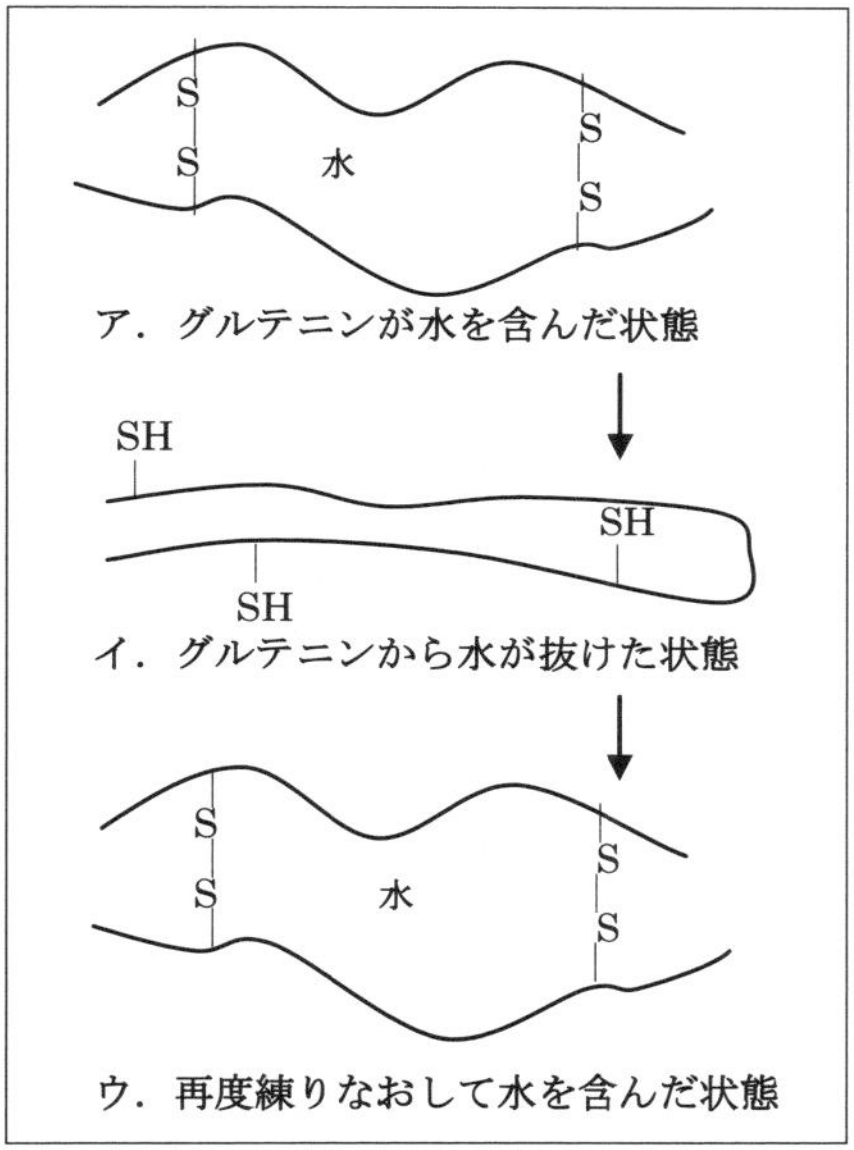


**図３－１　グルテニンの模式図**

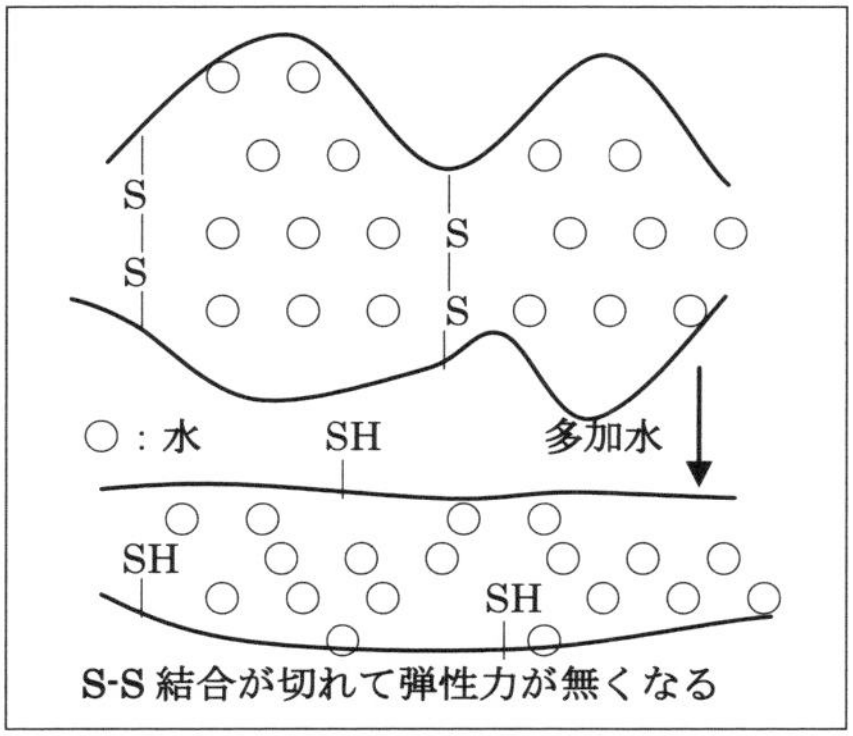


**図３－２　グルテニンの模式図**

**作業** すかさず直径15㎝位の丸い煎餅状にしたら、直径6㎝で長さ55㎝の自作の麺棒で左前方に延しては引きを繰り返していると、煎餅は回転しながら徐々に大きくなり厚さ1・5㎜程の真円に成ります。作業時間は1分程でしょうか。

全てのそば玉に次から次へとその作業を繰り返し、できた生地を全て重ねて手駒で切ります。

**考察** 加水量も含めておよそ1・5kgの生地を等分しており、しかも丸延しですから一玉を延し終わるまでの作業は素早く終わります。つまり作業時間が短いという事は、グルテニンから水が分離する前に終わってしまうということです。

**作業** 切りが（図3－4）また見事で、駒板は使わずに定規代わりに親指を菜っ切り包丁の脇に当て、上から下の方へ引き切りします。私も挑戦させてもらったのですが、親指が心配で中々うまく切れませんでした。

一度に3kgを打つこともあるそうですが、鉢や延し台そして切り板に至るまで、全て同じ道具で済みます。場所を取らずにとても合理的な打ち方だと思います。

**星** 場所いらず。道具いらず。貧乏人でもそばが食えるんだ。この道具（図3－5）で3kg位は打つときがあるんだ。

**作業** 粉はむき実の粗挽きで、十割で打ったそばは少し透き通った感があり、香り高く甘味のあるそばでした。その粉を譲っていただいて来て打ってみたのですが中々難しい粉でした。

茹でにもこだわりが有り1分程茹でた後、お椀一杯の差し水をします。これをするとそばの芯までしっかり茹るのだそうです。

**星**　そばを洗った後、客に出すまでに味かかわってしまうんだ。こっち来て食ってみやんせ。

厨房と客席までは5メートル程です。そう言われましたので厨房に入りそばが洗い終わると直ぐに頂きました。星さんのおっしゃる通り客席で頂くより美味いような気がしました。これも先入観でしょうか……。

**星**　先ずは何もつけずに食ってみれ。その後塩で、そして汁を付けて、残りは薬味を入れてご自由に！

図３－３　そば玉

図３－４　手ごま切り

図３－５　道具類

# 第4章　安田流そば打ち法

この章では第1版の著書「名人による『そば打ち』とその科学」の中から「第4章　安田流そば打ち基本技術」について、第1版には記せなかった特殊技術について紹介します。

また、その技術については科学的考察も含めて解説したいと思いますので、第1版と合わせてご覧いただけると、より深くご理解いただけると思います。

そば打ちの方法は千差万別です。例えば繋がりにくい粉を麺に仕上げるために、いろいろな「つなぎ」を使ったり、お湯を使ってデンプンを糊化したりして仕上げます。このように打ち方は違っても目的は皆一緒で「美味しいそばを打つ」ということに尽きると思います。

そのそば打ち作業それぞれには「なぜそうするのか」という訳が存在するはずです。しかし、その科学的な疑問の解明はなされておらず、先人の経験を持って受けつがれたものが少なくありません。

「安田流」とは、「安田が開発した特別なそば打ち流儀」というものではありません。そば打ち作業の細部について、先人の技術や考え方を尊重しながら、科学的な実験や観察を経て考察した一つのそば打ち法です。

## 安田が使用する道具たち

**のし台**（横１２０cm×縦１００cmで、高さ70cm）

これより低くした方が生地に体重が乗るように体が使えるのですが、中腰の状態が長くなり腰に負担が掛かります。逆にこれ以上高くすると身長１６８cmの私では、体を使って延す作業がやり難く成り、腕に力が入って負担が掛かります。何度も打っているうちにこの位で落ち着きました。身長によって高さを調整することは非常に大切なことです。

**こね鉢**（図４－１）

こね鉢は鉢台に乗せて麺台より低くセットしています。水回しで指に体重を掛ける場合や、生地をこねるときなどに全体重が掛かるようにするためです。鉢を麺台の上に置いて作業する場合は、台を低くすることはできませんので足場を高くして作業します。しかし、木鉢作業が終わると足場を片付けなければなりませんので少し面倒です。

また、打つ粉の量によって次のような鉢を使用しています。

５００g以下の場合（43cmを使用）
１０００g以下の場合（48cmを使用）
１５００g以下では（53cmを使用）
それ以上（58cmを使用）

鉢の大きさと粉の量は合っていますか。水回しの方法により多少異なりますが、私はいわゆる「外回し」ですので、粉の量によって使用する鉢の大きさを変えています。鉢と粉の量が合わないと上手く水が回りません。プロの場合はいつも一定量のそば粉をそばにしますので都度鉢を変えることは少ないと思いますが、アマの場合は、大会、家族で食べる場合、友人に差し上げる場合など、必要なそばの量がその都度異なりますのでその量に合った鉢を使用するのがベストです。

また形も重要です。底面の面積が小さく、深い鉢がありますが、これは粉が外に飛び出す危険性が少なくなりますので、高く「アオル」様な水回しの場合は有利だと思います。しかし、私のように大きく外回しをする方法では粉が動きにくく感じます。

本書では特に記載のない場合は１０００ｇの粉を打つ場合で書いています。あらかじめご了承ください。

**麺棒**（図４－２）

用途により、大きく分けて、並粉用、更科粉用、粗挽き粉用と3種類に分けて使用しています。あとは粉の状態により組み合わせて使用します。

**並粉用**

**「延し棒」** 直径27㎜と28㎜で長さ91㎝を使い分け

一般的に90㎝の延し棒が使用されていますが、加水が多く軟らかい生地などの場合、いつもより幅が出てしまう事が有ります。そうすると本延しの時両辺に延し棒が届き難くなることがありますので少し長くしています。

**「巻き棒」**　直径28㎜で１１０㎝

**更科粉用**

**「延し棒」**　直径26㎜と直径27㎜で長さ１００㎝の使い分け

**「巻き棒」**　直径30㎜で１１０㎝

**「仕上げ用延し棒」**　直径30㎜で長さ１０５㎝（重さ：６８１g）

更科粉はソバの実の中心に近い部分の粉で、ほとんどがデンプン質ですから、とても細く仕上げなければボソボソして美味しくありません。

更科そば打ちを教えていただいた北海道の師匠に

「どのくらい薄く延すのですか」

と質問しましたら、

「そば打ち台が透けて見えるくらいだ」

とおっしゃっておりました。

圧力は底面積に比例します。ですからしっかりした圧力で薄くのすためには、細い麺棒が有利になります。ただ、先に延すように力を加えると生地が荒れますので、上から圧をかけるように延すのがポイントです。

また、切る前に畳みますが、更科粉は折り目が切れやすくなっています。ですから幅を長く打つようにしています。すると（並粉用）で記述しました理由と同じで延し棒は長くなければなりません。

もう1本の延し棒は「直径が長く重い」のにお気付きかと思います。更科粉はタンパク質が少ないので弾性力に乏しく、肌が荒れやすく切れやすい性質を持っています。ですから最後の仕上げにこの棒を使ってローラーを掛けて終了としています。

**粗挽き粉用**

**「延し棒」** 直径30㎜で長さ91㎝

**「巻き棒」** 直径30㎜で110㎝

粗挽き粉の生地は一般的に弾性力が弱く切れやすく、多加水気味な生地になります。上から圧を加えるように延すのは皆同じですが、麺棒が生地に当たる面積を大きくして生地に対する負担を軽減しています。更科などもこれを使いたいのですが、更科の場合は生地が硬く、太い麺棒では延びてくれません。

地方で良く行われている丸延しでは、生地を麺棒に巻いて延すために、生地への負担が大きくなります。ですから太い麺棒を使っているのかも知れません。私も丸延しをするときは直径50㎜（図4－2最上段）の麺棒1本で行います。
粗挽き粉や生粉を打つときは同じ理由で巻き棒も太いものを使います。

**ふるい**

通常は40目（およそ32メッシュ）で篩っていますが、粗挽きの場合は落ちないこともありますので、そのようなときはそれより大きな目の篩を使用します。

**切り板**

切る量や切る物によって数種類使い分けています。

**こま板**（図4－3）

切る太さによって枕の高い物から低い物を使い分けています。枕が高いと、コマ送りの角度は同じでも、こま板を送る距離が長くなりますので太く切れますし、枕が低いとその逆になります。

**その他の道具類**

包丁の「バリ取り」は気に入っています。友人の「京都の前田さん」手作りで中央の硬い木の周りを軟らかい木で包んだような構造で、とても重宝しています。金属では包丁を傷つけるのが心配ですし、軟らかい木ですとすぐ傷んでしまいますのでこの構造は最高です。

図４－１　鉢　内側から内径 48㎝、53㎝、58㎝

図４－３　駒板２種

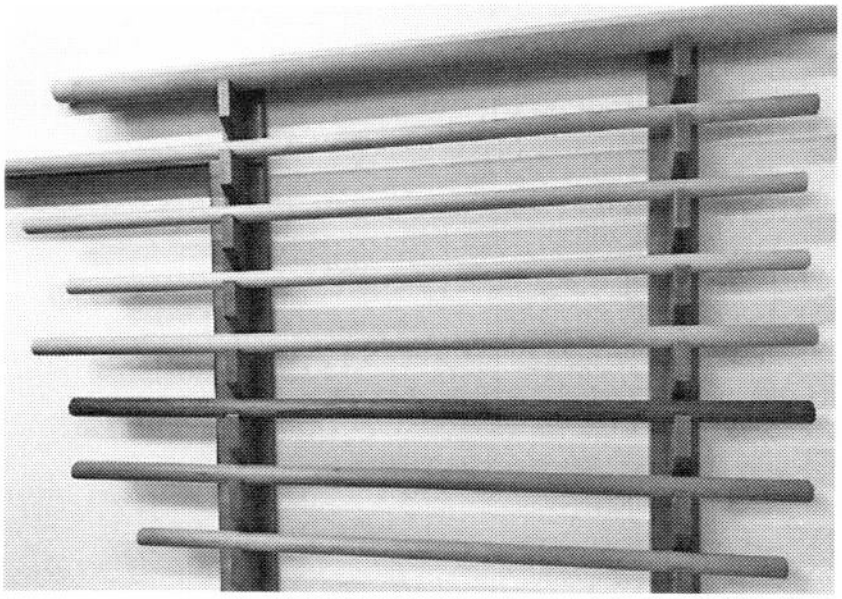

図４－２　麺棒　最上段を丸延しに使用

余談ですが、包丁を研いだときにできるバリは第6章で登場される朝倉先生によると新聞紙を幅10㎝、厚さ1㎝、長さ30㎝程にして、それを砥石に見立て包丁を当て、刃先を5度程度に傾けて4～5回一方向に押すか、引けばバリは取れるそうです。試されてはいかがですか。

## 基本的なそば打ちの流れと科学

水を加えるとそば粉には粘性が生まれ粒子同士がくっ付き始めます。なぜそのような現象が現れるのか解明することは、どのような作業がより効果的か考える上で重要です。

水まわし作業は、そば粉に含まれるいろいろな成分を溶解または分離し、そば特有の味と香りを引き出す目的もありますので、この作業の良し悪しが、そばのつながり具合を決めることのみならず、味をも決定する重要な作業に成るわけです。

第1章ではそば粉の成分の科学的性質を記しましたので、この章ではそれらをそば打ち技術に応用した「安田流そば打ち技術」を主に解説します。

### 水回し

そば粉の各成分は水と出会うことによって、それぞれが力を発揮することができるのですから、水の分配に偏りがあってはいけません。量的にも少なければ、水に出会えない粒子が出てくるでしょうし、多くても粒子同士の間に水が多く入る結果、成分どうしの距離が遠くなり、結合力も弱くなります。グルテニンの場合を化学的に考えても、水回しでは最小過剰（適量よりほんの少し多め）の水を、均等に分配することが重要だと考えられます。それはグルテニンが弾性力を最大限に発揮するのにも一番良い加水量だからです（図３－１、２参照）。

また、水と出会って結合したアルブミンなどは中々その水を放してくれません。アルブミンは水に溶けるタンパク質ですから、砂糖水から水を取りだすのは容易でないのと同じです。水を得ていない成分があっても分け与えてもらえないということです。そこで「水まわし」の作業は、水がどこかに偏ってしまう前に素早く分配する必要があるのです。

このような目的を効率よく達成するためには、粉全体を十分動かすことが必要です。「水まわしが上手くいかない」、「時間がかかる」などは、粉が動いていないことが大きな原因です。「外回し」、「内回し」とも一般的に粉は手前に溜まる方が多いようです。そのような場合は天地反し（手で粉をすくって上下を反す）で手前の粉を先へ送るのも良いでしょう。

粉が鉢のどこかに滞りますと、水もうまく分散できません。すると水を多く取った粉は大きな塊になり、受け取りそこなった粉は、まとまらずに小さな塊に成ってしまいます。その都度アオリ（指で粉を救い上げて落とす事）を入れるなどして粒の大きさが一定に成るように心掛けてください（作業中にできた粒を指でつぶしてみて、硬い粒と軟らかい粒があるようなら水が偏っています)。

私はいわゆる「外回し」という方法で行いますが、そば粉によってまた状況に応じて、すり合わせ、アオリ、突っつき、その他いろいろな方法を利用します。

## 第1加水

加水して撹拌し始めるとそばの香りが漂ってきます。特に黒っぽいそばほど顕著です。これは酵素が水を得て化学反応を行った結果発生した化学成分が原因です。その中でも特に不飽和脂肪酸が分解してできるアルデヒド類やケトン類に起因すると思われます。

また、第1加水のある時点から徐々に粉は茶褐色に変わり始めます。これは、前述(第1章4．その他の成分と健康)しましたように、ポリフェノール(ルチンはポリフェノールの一種)が、ポリフェノールオキシダーゼにより酸化された結果、変色するのが原因の一つだと考えられます。そば殻と種皮に多く含まれる物質ですから、これらをほとんど含まない御前粉は、水を加えても色があまり変わりません。

酵素反応を進めるためには多くの場合補助物質が必要です。そこでイオン化しやすいカリウム(そば粉には小麦の四倍含まれます)やマグネシウム(小麦の十一倍含まれます)が大いにその役割を果たしていると思われます。

水すべてを一気に加える方法(一気加水)や、使用量の半分の水を加える方法など、色々と考えられますが、普通粉の場合3回に分けて加水します。1回目（第1加水）は、必要使用量の70％から80％を加えます。この水の量は、自分の実力や粉の状態に応じて加減しなければなりません。たとえば、粉の動きが良い方は多く加えても大丈夫ですが、水回しが苦手な方は、第1加水の量を減らします。上手くいかないと水が偏った玉ができてしまいます。こうなるとその後どんなに頑張っても美味しいそばにはなりません。

第1加水でその後の作業の良し悪しや、そばの出来栄えまで変わってしまうと言っても過言ではないと思います。第1加水が最も重要だと考えます。

先ず水を回し入れます。水の部分に手を入れないように注意しながらザックリと分散（図4－4）します。その後、鉢から粉が飛び出さないように注意しながら、最大限のスピードで撹拌します。手は鉢の先と手前そして左右と部分的に回しながら移動し、約20秒程休まず撹拌します。全体が同じ大きさの粒子状態に成ったら（図4－5）手のスピードを緩めてゆっくり全体を撹拌します。

図４－４　加水後ザックリと水を分散

水が上手く回らないと水を多く含んだ大きい粒と、取りはぐった小さな粒が混在し、良い状態とはいえません。だからといって、それを解消しようと時間を掛け過ぎるのも良くありません。粒は水回しの最終段階まで「ささくれた状態＝金平糖状」（図4－6ア）にしておくのがベストだからです。時間を掛け過ぎると、粒の表面がつるつるになってしまいます（図4－6イ）。そうなると次の加水で水が浸透しにくくなり、加水量を誤ります。

## 彩蕎庵の教室でのこだわり

**その1**　教室では加水量の分かっている並粉を二八で打つことを勧めます。少しそばが打てるようになりますと、十割や粗挽き粉などが打ちたくなるものです。しかし、それはご自宅で行うとして教室では行いません。折角教室に来て加水量で失敗したのでは、その後の正しい作業を行う事が出来なくなってしまいます。

**その2**　水は、必要量を量り取ります。どのような粉に対して

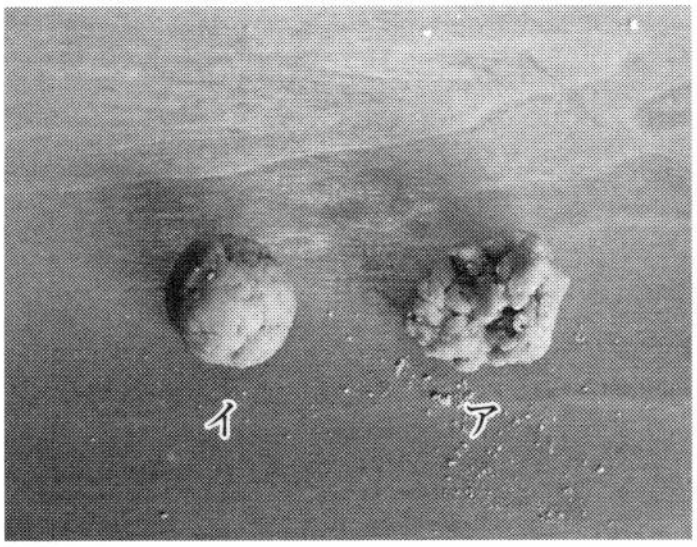


図4－6　右が良い状態

図4－5　加水後20秒

も一定量用意して置く方法もありますが、水回し終了時に不要であった水が残ることが多いようです。加水の時に間違って多く入ってしまう危険性があります。

水はその粉に対して、いつも使う量だけ用意し、足らなければ足せばよいのです。湿度や気温によって多少変わることはありますが、管理の良い製粉会社で購入すればそんなに変わることは無いと思います。

**その3**　水は粉合わせを行ってから計量カップに用意します。安田流ではその粉に必要な加水量だけ用意しますので、初めての粉の場合でも粉合わせが終わったら少し握ってみて、「この粉ならこの位」と見当をつけて水を量るのです。初めは分かりませんが続けていると、予想が当たる確率が上がってきます。またそれをすることによってこれから打つ粉の状態がなんとなくわかるようになり、粉に合ったそれなりの打ち方ができるようになるのです。

**第2加水**

必要量のほとんどを加水します。第1加水の状態を鑑み、神経を研ぎ澄ませ、どの位の水が必要か判断します。これも第一加水で水の偏りがあると判断できません。

水は糸のように細く回し入れ、一ヶ所に大量の水が入らないように注意します。あとは第1加水の時と同じように素早く分散後、ゆっくりと回し、水が全体に行き渡るように粉全体を撹拌します。ここで手に付いた粉をきれいに落とします。手に付いた粉は乾いてしまい、生地に混ざり込むと水を受け付けませんから、麺線にしたときにそれが切れる原因にもなります。

ここからが骨を折るところです。全体重を指先に掛けて粒を鉢にこすり付けて練り込むように撹拌します（安田は「油出し」と呼んでいます）（図４－７）。この作業はとても疲れる作業ですが、重要な作業です。先人たちは「鉢は光ってきてから寄せるものだ（図４－13）」とか「水回しが終わった鉢はなめたように奇麗でなければならない」と言います。この「照り」は生体膜の主成分であるリン脂質です（図１－15）。また「力の弱い女性は木鉢で決め、力の強い男性は練りで決める」と言われますが、この脂質成分をしっかりと抽出する事は、そばのつながりを良くするだけでなく、不飽和脂肪酸による香り成分を作り出す事にもつながります。

**図４－７　油が出て鉢が光っている**

**図４－８　シットリと糠のようです**

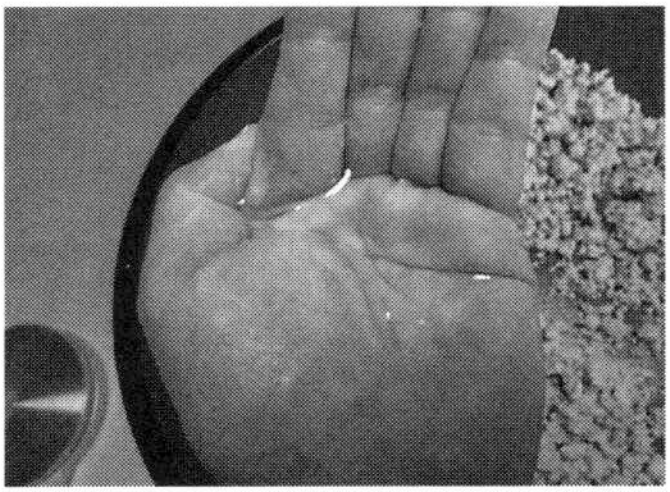

**図４－９　手全体に浸けないように**

加水が多すぎると玉になってしまいますからこの作業はできませんのでその場合は捏《こ》ねの段階で十分に捏ねてください。逆に加水が足りないようなら図4－8のようにしっとりとした状態になりません。そんな場合はすぐ加水して、油出し作業に入ります。加水は4回になりますが構いません。判断しにくい場合は少し手に取ってもんでみると判ります。

**第3加水**

「決め水」は手に取り（図4－9）一滴ずつ全体に振り入れ、少しあおってから水まわしを続けます。粒子全体が一塊に寄ってきましたら終了です。第3加水は最少過剰の「過剰」の部分です。本来水まわしの目的は第2加水で達成しています。第3加水は僅かな量です。

図4－10～13に、第1加水終了時～まとめ迄のそれぞれの状態を示しました。

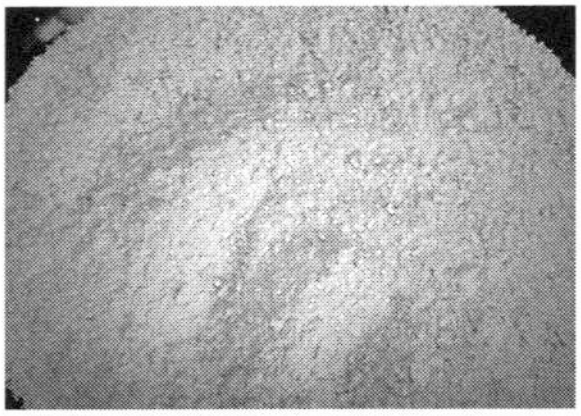

図4－10　第1加水

図4－11　第2加水

図4－12　第3加水

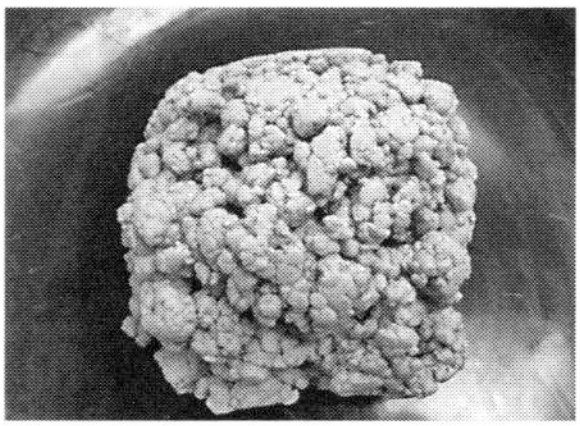

図4－13　まとめ

## 練り

そば打ち作業で練りはとても重要です。粉の種類やつなぎ粉の量などによって変えなければなりません。並粉を二八で打つ場合を基本として色々な状態の粉を比較しながら考えてみましょう。安田流では練りは３段階に分けて考えます。

第１段階では、水回し作業でできた水の偏りをなくすため、生地に傷ができることを覚悟で両手を使って練り込みます（図４－14）。この作業は小麦粉のグルテン形成（図１－12）には有効ですが生粉打ちの場合は有効とは言えません。あまり強く練り込みますと、グルテニンの―S–S―結合が切れて弾力が無くなってしまいます。タンパク鎖が平行になったグルテニンは更に水をその隙間に抱え込み今度は硬くなったような状態に成ってしまいます（図３－２）。

ですからつなぎ粉の割合が少ない程この作業は控えます。生粉打ちでは水回しさえしっかりしていれば、行わなくともかまいません。

第２段階は右手だけの練りに成ります。圧を掛けて内部にできた傷をなくすように練り込みます（図４－15）。この練りでは、傷を作らないように十分注意します。作った傷（図４－16）は、かなりの回数を練らないと無くなりません。

何度か捏ねた後にドウを二つに割って見ると、切断面に沢山の隙間

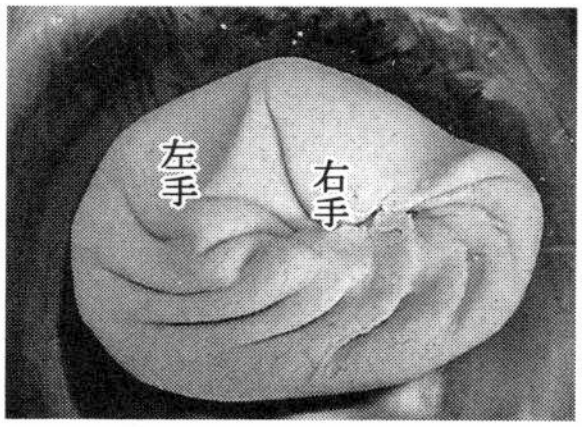

**図４－14　粗捏ね**

のような傷（図4－17）が見えます。これは延しに入ってから肌荒れや切れる原因になります。粗挽きなどの繋がりにくい粉の場合は顕著です。ですからこの練りは傷をつけないように確り行う必要があります。

うどんは生地をねかせますがその主な目的は、安定したグルテンの形成にあります。そばの場合も「ねかせる」としたらその利点は、小麦粉が入っている場合はグルテンの形成。デンプンがアミラーゼの作用で分解し甘味が増す。脂肪酸が分解して香り成分が増加する。などの効果が期待できますが、逆にグルテニンは図3－1イのように水が離れて、弾性効果が失われる危険性があります。総合的に考えますと、そばの場合は特に寝かせる必要はないと思います。

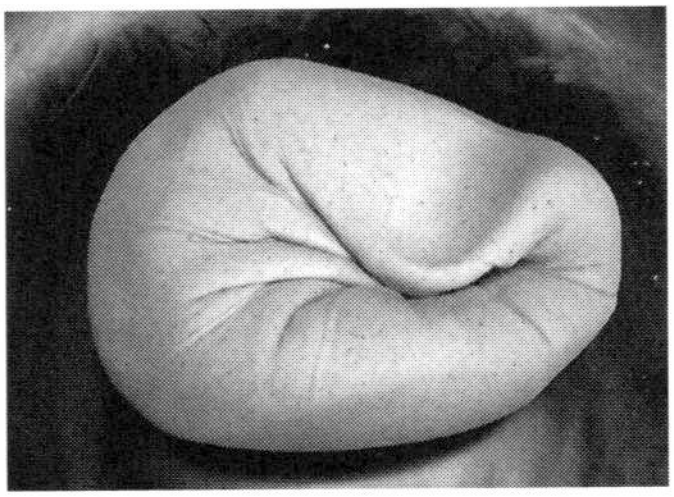

図4－15　練り込み

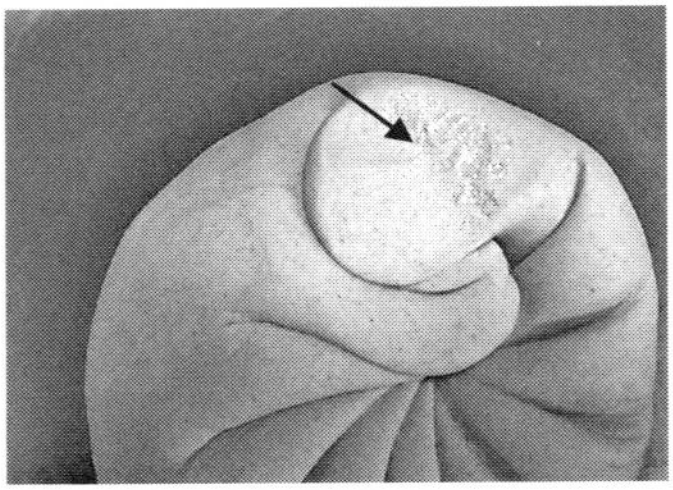

図4－16　傷ができている

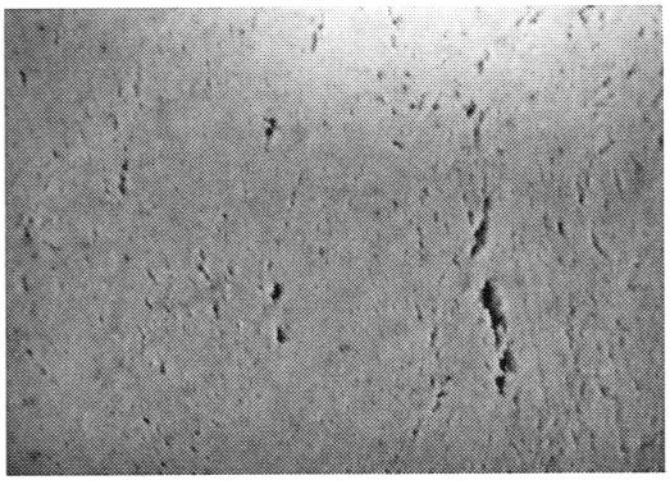

図4－17　ドウの中に傷がある

充分圧を掛けて練り、ドウ（生地）に光が出てきたら菊ねり（図４－18）に入ります。何回か練ってからこの時点で手を洗います。手洗いから戻ってドウが１～２回転するくらい菊ねりを行ってから仕上げに入ります。図４－19はここでドウを二つに割ってみたときの断面です。図４－17とは異なり空気が抜けて生地に傷がない状態に仕上がっています。

少しずつ力を抜いて練りを続けると模様が更に細かくなってきます（図４－20）。ここからが第３段階です。ここで菊ねりの右から左に肉を押し付ける練りは止め、ドウを回転しながら菊花の元の部分を手の平で押して円錐台のように仕上げます（図４－21）。鉢の周りの部分で行うと上手く行きます。この作業によって次の「へそ出し」の時間が短縮できますし、丸出し後の円周になる部分も強化できます。これは安田流独自の作業です。

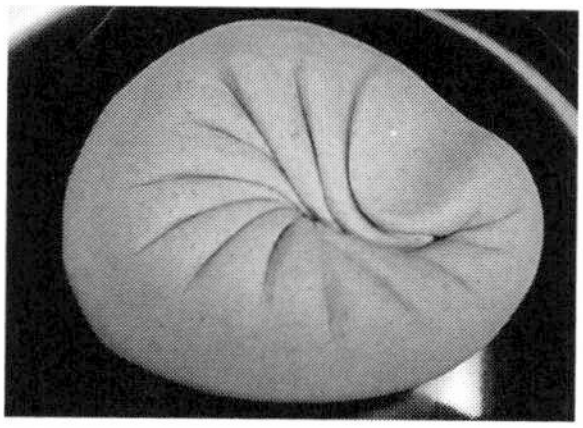

図４－18　菊ねり

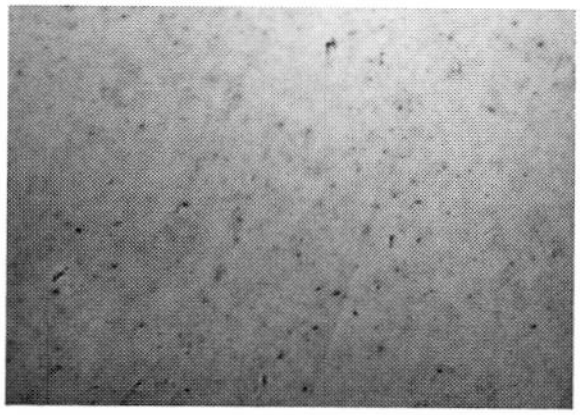

図４－19　切断した面

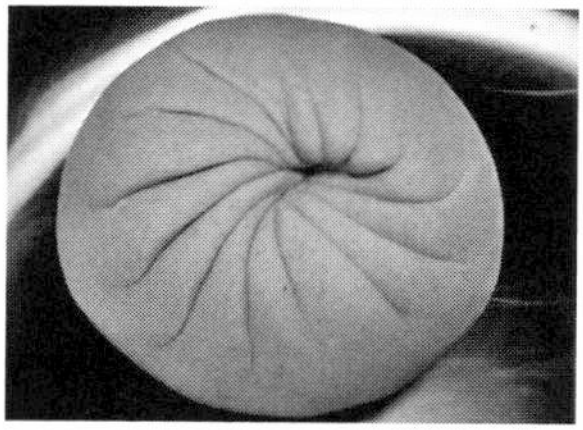

図４－20　菊ねり終了

図４－21　仕上げ終了

## くくり

図4－21の円錐台の上部の穴を自分の方に向け両手で抱え込むようにしながら、鉢中央の最も直径が長い部分を左から右に転がします（図4－22）。この時、頂点の穴を閉じてしまって円錐の母線が外に膨らんでいるようではいけません。中央の穴は上から絞り込むように手が下に降りて閉じなければくくりの意味がありません。

鉢の中央を横断してから引き戻す作業を何度か繰り返し、菊の模様を中央に絞り込んで行くと図4－23のような形になります。私は塾生に「バトミントンの羽のような形」と言いますが、そう見えませんか。

目安としては円錐の母線が頂上の穴の中心を指す（図4－23）位まで押して、ベルトで締めたような形にします。最後に鉢を横断するとき、初めて手が下に降りて行き、ほとんど穴をふさいだ状態にします（図4－24）。

今度はそれを90度横にして左手は底面を圧して少し凹ませながら右手は母線を上から下へ空気を押し出すイメージで下げていきます（図4－25）。同じような作業を繰り返し、穴を完全にふさいで円錐のでき上がりです（図4－26）。

円錐の底面の直径と高さは同じくらいに仕上げます。頂点を手の平で押して円錐台（ドウ）の出来上がりです（図4－27）。

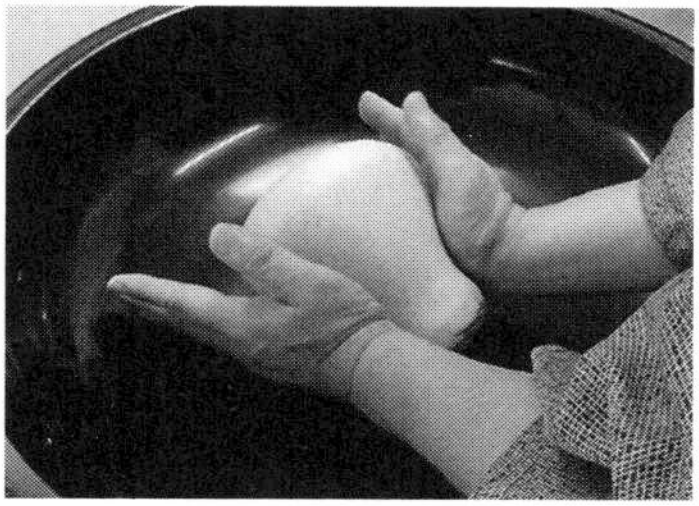

図4 － 22

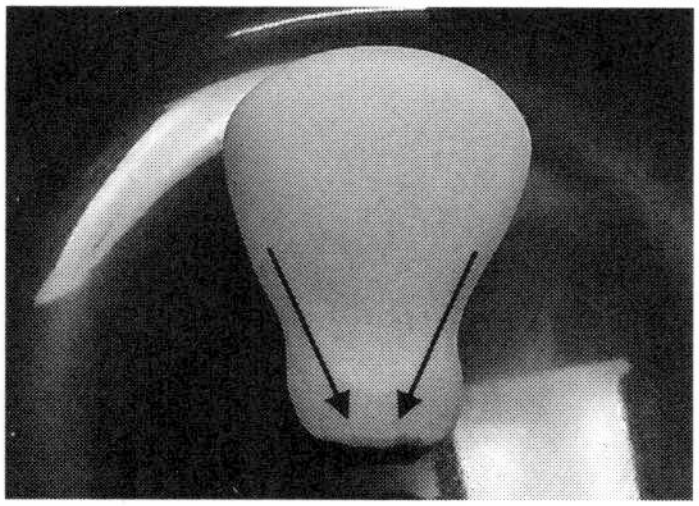

図4 － 23

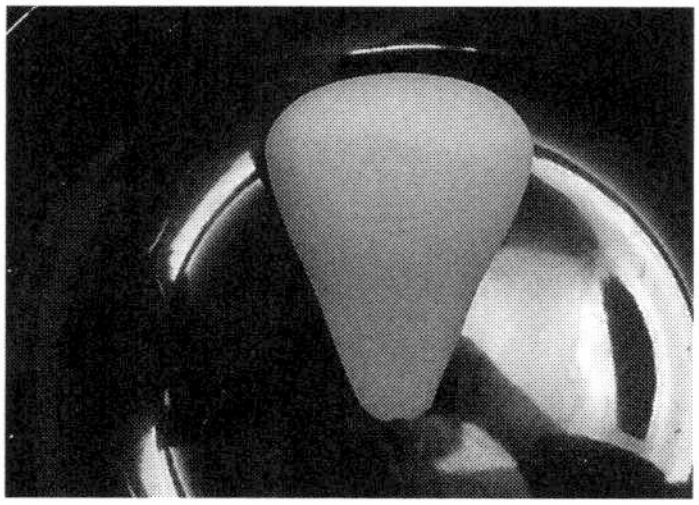

図4 － 24

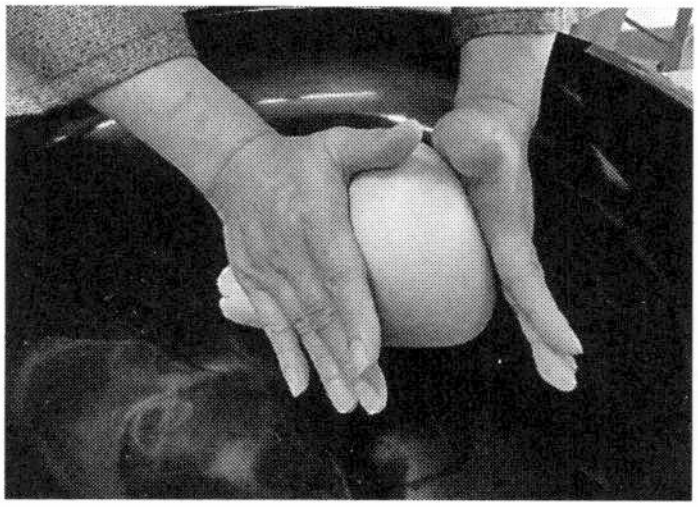

図4 － 25

図4 － 26

図4 － 27

## 延しの考察

### 三段階の丸出し

私が初めてそば打ちを習った時は、円錐台（図4－27）が出来上がった後、両手で麺棒を握り、体重を掛けて上から押してはそのまま少し回転し、また圧すという方法で丸を出していきました。いつも同じ粉を打つそば店ならこの方法は時間もかからず、捏ねの作業も入っているので良い方法だと思います。

その後、手である程度丸を大きくして（地延し）からネコ手で更に大きく整える方法を行うようになりましたが、ネコ手では中々丸が大きく成らず、大きくしようとすればするほど生地は先の方に行ってしまう有様でした。そこで私なりに改良したのが次の方法です。

円錐台（図4－27）の上下に打ち粉を降って台の上に置きます。打ち粉の振り過ぎは肌荒れの原因にもなりますから、各作業でも最小過剰量振るように心掛けます。麺棒をネコ手で転がして延す事は、前方に押す力や手前に引く力が大きく加わります。この作業は生地を伸ばして大きくしたり、平らに均したりする目的で行うには有効な方法だと思いますが、その分生地に大きな負担が掛かります。そこで出来るだけ上から圧して生地への負担を抑えながら生地を延す方法を考案したのが「手延し→波のし→仕上げ」と三段階に分けて丸を出す方法です。

## 地延し

ドウを手で直径40㎝（１㎏の場合）程に延します。同じ作業を４セット行いますので２セット目のドウを用いて解説します。１セット目の地延しで円の直径はおよそ30センチになりました（図４－28）。

その方法は、生地を中心角１２０度の扇形三つに分け、右手親指のつけ根に体重をかけて時計の針で言えば２時から10時まで反時計回りに円周（ア部分）を延し進めます。終わりましたら生地を時計回りに１２０度回転しますとイの部分が正面に来ます。同じように延します。次いでウの部分も正面に置いて延すと図４－29のように中央に円錐台の形が残ります。この円錐台を円周と同じ厚さに延して（図４－30）３セット目が終了です。この後も台に対して腕が垂直に立っている状態を意識して全体重を掛けます。腕が斜めになると円周が一定な厚さになりません（図４－31）。真円に成らないのはこれが原因です。いつも確認しながら練習する必要があります。足首でリズムをとって延すと、動きがスムーズになります。これを４セット繰り返すと直径40㎝前後の真円に成り、地延し終了です。

この方法は第１版に詳しく記しましたのでご参照ください。

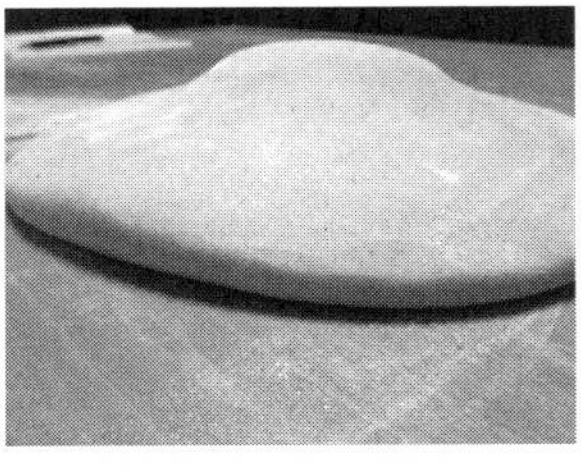

図４－31　厚さが違う

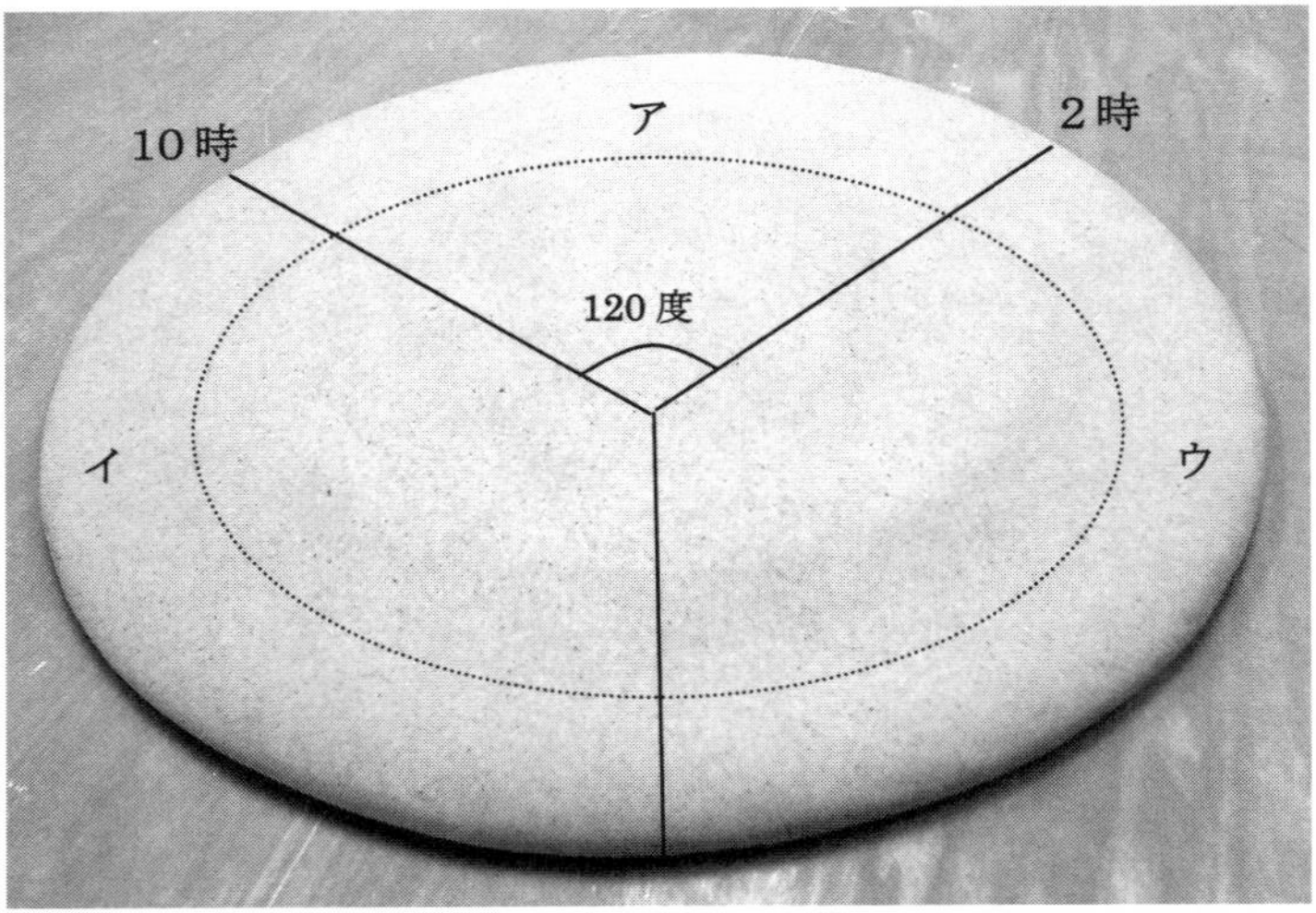


図４－28　(図４－27) のドウを１セット大きくしたものです。これを使って２セット目の地延しを解説した図です

図４－30　円錐台を円周と同じ厚さに均す

図４－29　円周を延し終わると中央に円錐台が残る

## 波延し

地延し後、猫手で麺棒を転がして延しても良いのですが、猫手だけで大きくするためには、強い力で前方に押し出す必要があり、必然的に生地に掛る負担も大きくなります。それを防ぐ方法の一つとして、地延しで出来る限り大きくして置けばよいのですが、これもまた意外と大変ですし、手の後が残って次の作業がスムーズに行きません。

そこで波延しを行って直径50～55センチ程の生地に仕上げます。この延しには「捏ね」の効果も含まれます。つまり真上から圧し付けることによって、麺棒の下の肉はこねられている状態になり、その結果大きくなるのであって、大きくするだけが目的ではありません。

作業全般で、生地にはなるべく触れず、流れるように作業を進めるのが安田流です。この波延しでは1セットで3方向を延しますから、手で回す数が減り触る回数も少なくなります。

その方法は、麺台に対して30度になるように生地の上に麺棒を置きます（図4－32）。手は開いて麺棒の上に置き、真上から圧すような気持ちで先に進めます（↑の方向）。上端まで到達したら麺棒を引き戻し、同じように正面方向（図4－33）そして右上30度方向（図4－34）と延して1セット終了です。

その後左回りに90度回転し、同じ作業を行います。合計4セットで終了します。4セット目は特に厚さと丸の形に注意を払って延して下さい。

## 仕上げ

波のしでは、一度に全体を延しているために、厚みを一定に保てます。しかし生地の上に波模様ができていますので、それを均《なら》して平らにする必要があります。それが次の仕上げです。

丸を中心角60度のおうぎ形6つに分け（図4－35）、そのおうぎ形の弧を一つ一つ仕上げていくイメージです。①が延し終わると60度左回転します。回転が正確でないと延し残しや二重延しとなりますので注意してください（回転例を図4－36に示す）。次いで②の部分、②が終わったら60度回転し③の部分という具合に、順次同じ場所で延して直径60センチ前後の丸を作りま

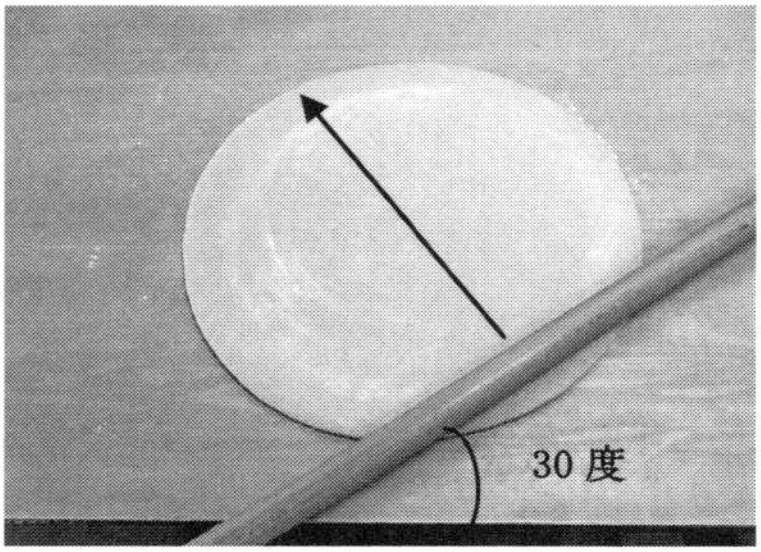


図４－32

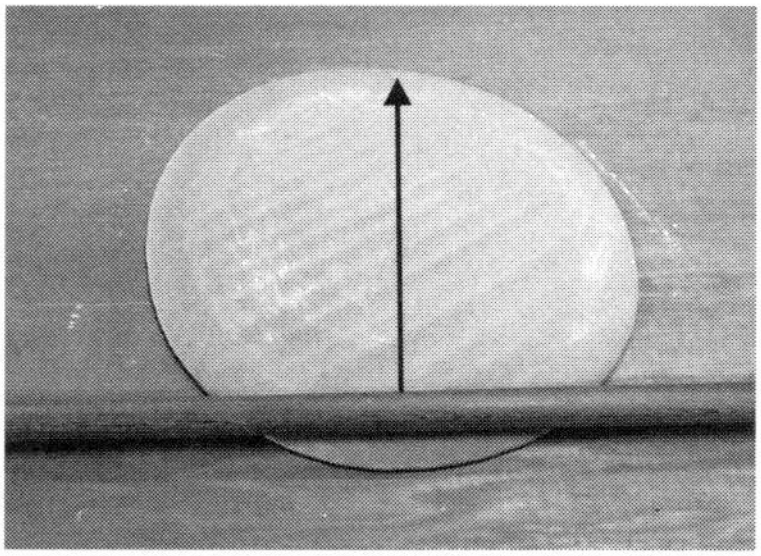

図４－33

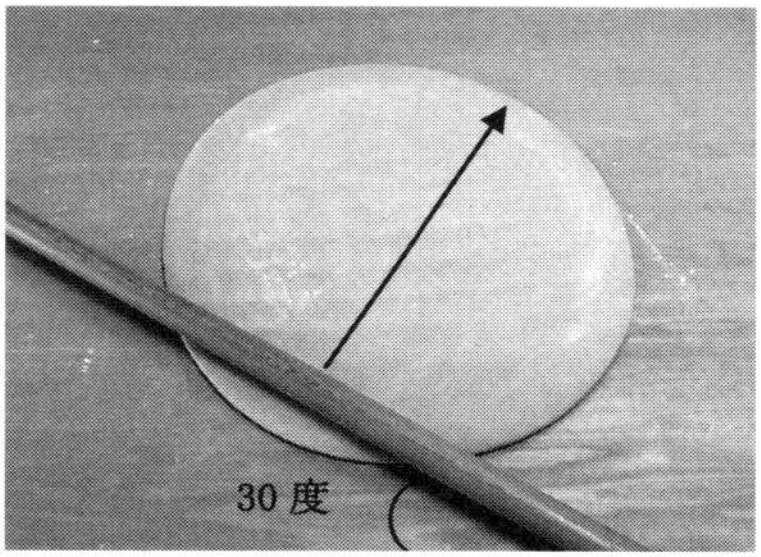


図４－34

す。この丸の厚みはそば打ちの最後まで影響しますのでとても重要です。

小手先で円周を作るのではなく、ゆったりと大きく身体を使い、生地全体を平らにするようなイメージで延して行きます。

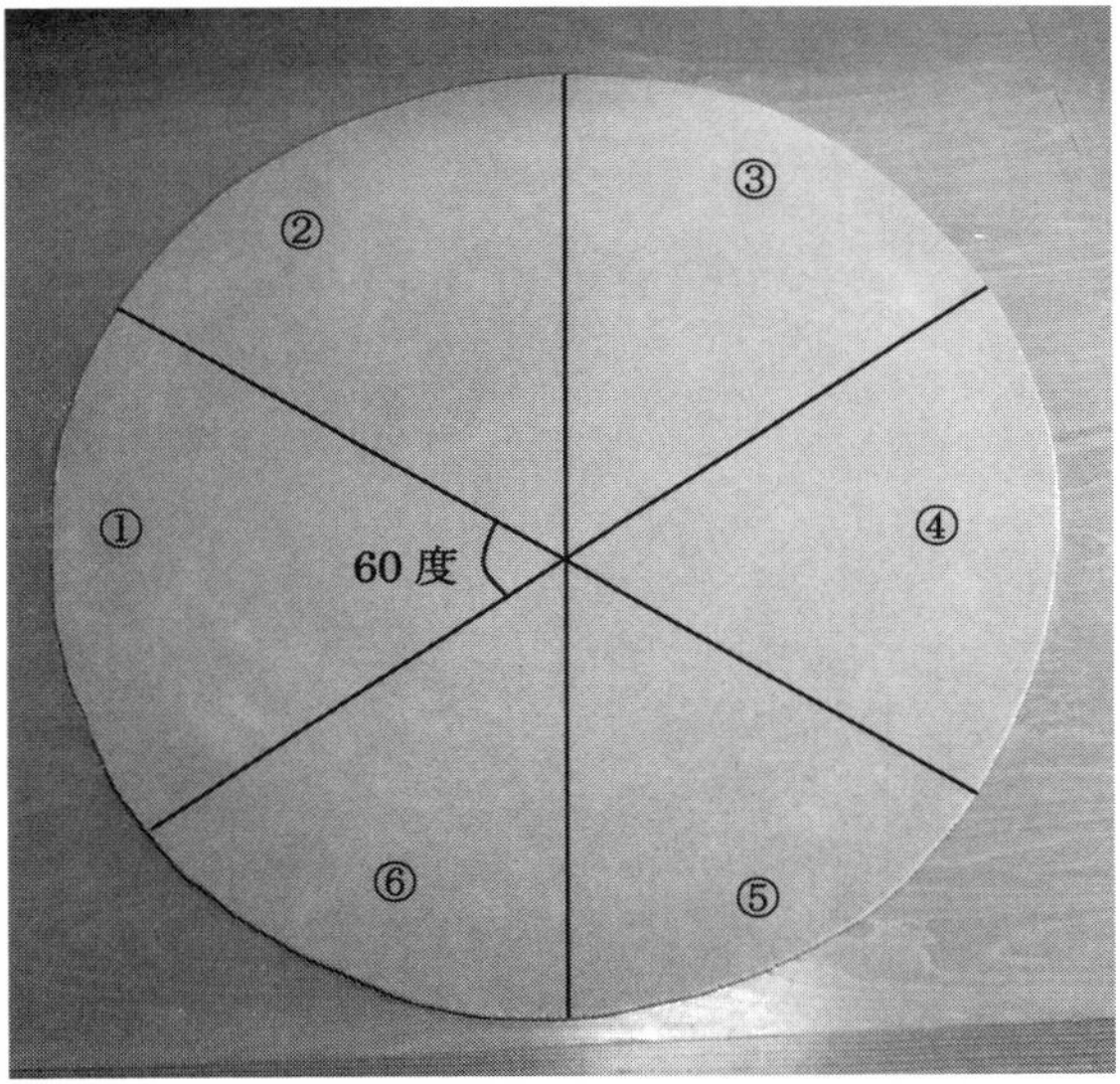


図４－35

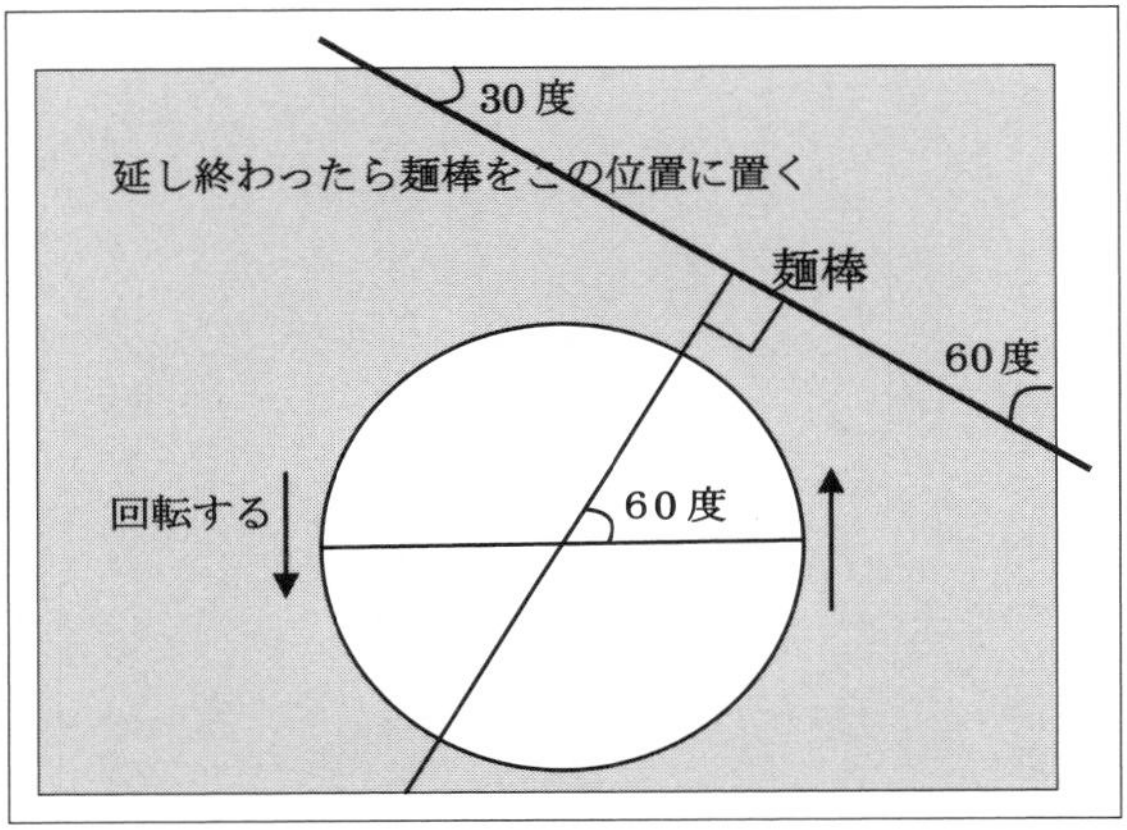


図４－36

## 四つ出し

これはそば打ち工程の中で最も生地に負担が掛る工程だと思います。つながりにくいそば粉などは、この作業で生地が荒れて穴が開いたり周囲が割れたりすることが多く、これを上手くこなすためには、生地に対する負担を軽減する工夫が不可欠です。

安田流では丸から四角形の四隅になる部分を少しだけ出して、四辺は丸みを残したような「太鼓型」（図4－39）に仕上げます。そうすることによって生地に対する負担を軽減することができればと考えています。生地の硬さや量によっても異なりますが、対角線の長さは95㎝～100㎝程度（図4－37）が良いでしょう。

四つ出しではどうしても厚さが乱れます。最も薄い部分の厚さが1㎜ならば、たとえ他の部分が厚くとも、最終的に全体を1㎜以下に仕上げなければなりません。つまり生地は薄く延すことはできても、厚くすることは困難だからです。

対角線の長さが95㎝あれば三平方の定理（図4－38）によりますと、正方形の一辺はおよそ67㎝程度になります。生地の幅を85㎝にするとしたら前後9㎝程度延せば良いことになります。

これは、幅を出してから横にする方法で述べています。そのまま前に延していく場合は、四つの大きさを大きくすれば幅は出るのですが、1㎏打ちで四つを大きくすると、前述しましたように、どこかがとても薄くなってしまう危険性があります。ですから、四つで幅が出せない分を左右に幅を出しながら延して行くことになります。そうすれば最終的に幅を出したと同じ事になりますがそれも限度があります。やはり私達素人は、幅出しをして横にする方が無難だと思います。

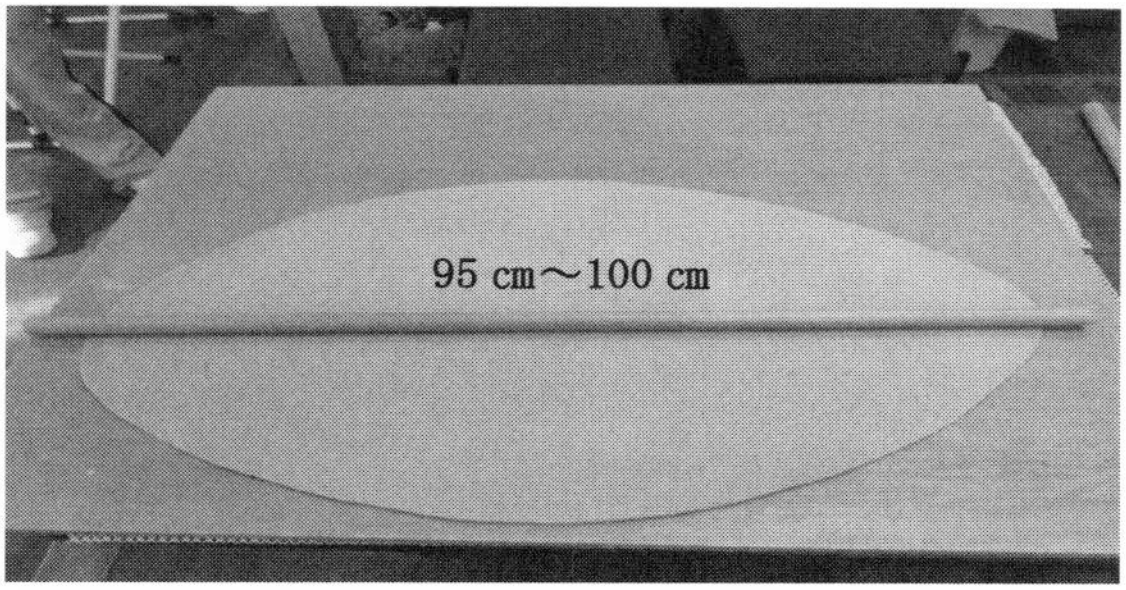


図４－37

$$x^2+x^2=95^2$$

$$2x^2=9025$$

$$x^2=4512.5$$

$$x \fallingdotseq 67$$

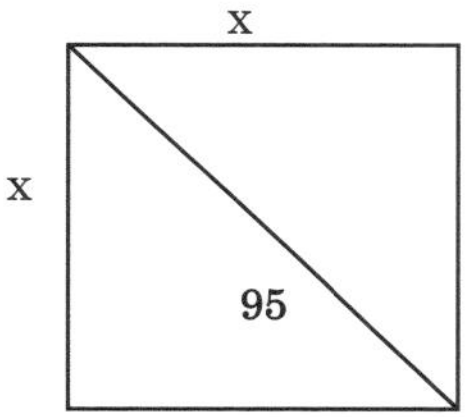


図４－38

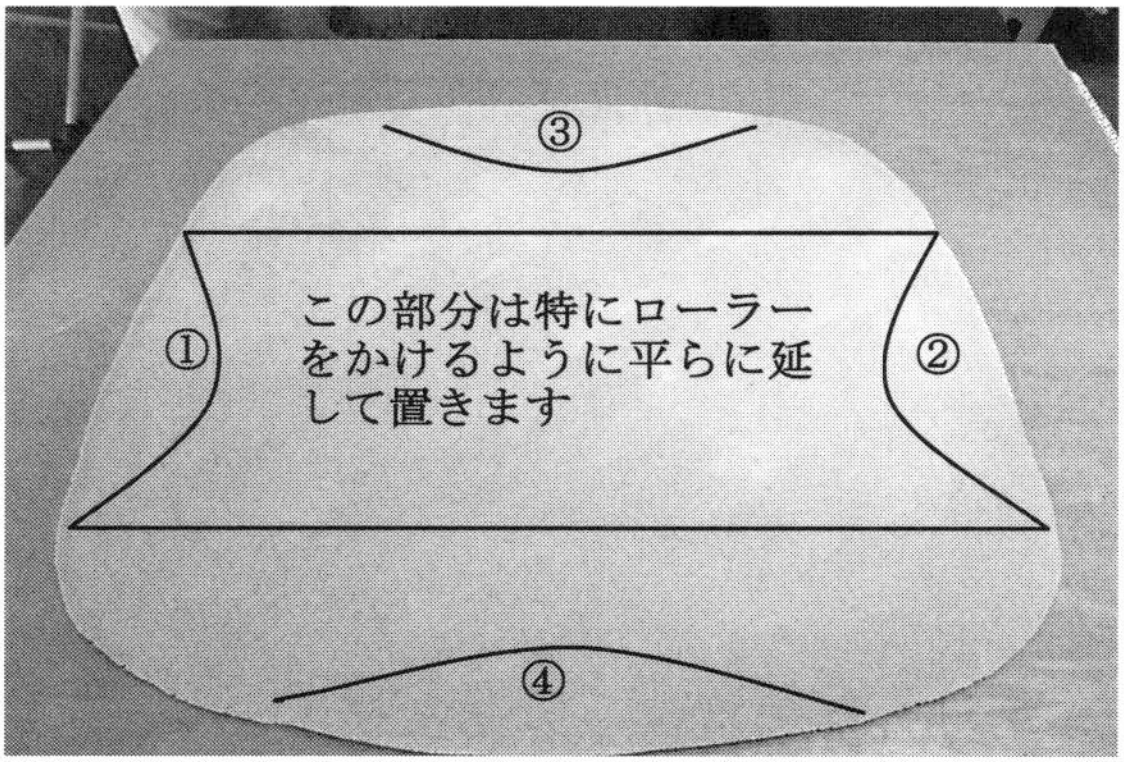


図４－39

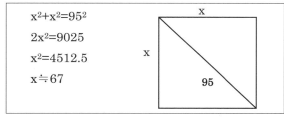

**肉分け　幅出し**

そこで四つを出した後に全体の厚さを調え、そばの長さを決めるために幅出しを行います。図４－39は四つを開いたところです。辺は丸みを帯びています。①～④の部分は少し厚くなっています。

先ず左辺①の中央から辺に沿って上に延して行きます。帰りも同じように下まで延して辺の厚さを整えます。体は延す部分の前に置き、麺棒はできる限り麺台に平行に使用しますが③と④の部分は少し傾けた方が上手く延せそうです。

次いで体を右に移し②を①と同じように整えます。左右の辺の長さを同じにしたら体を中央に移し、全体を大きく均しておよそ80㎝の長さとします。更に中央の幅60㎝程はローラーをかけるように特に念入りに均しておいてください。最終的に85㎝前後としますが、③と④は肉を少し厚く残して置きます。

**本延し**

幅出しの終わった生地を巻棒に巻いて軽く巻き延しをして安定化し、90度回転すると幅だしの段階で上下であった部分が左右になります（図４－40）。左右（横にする前の上下）は少し肉を残して置きましたので、その肉を使ってラインと厚さを整えます。

ここからが重要です。少し詳しく説明します。図４－40左辺（ア）を幅出しと同じように整えます。（イ）部分は幅出しの時に念入りに延して置きました（図4－39のローラーを掛けた部分）。（ア）と（イ）の部分が同じ厚さに成るように上から下までローラーを掛けながら体を右方向に移動していきます。（ウ）の前まで来たら、（ア）と同じように（ウ）全体を整え、その後はローラーを掛けながら体を左に向かって移動します。中央まで来たら全体を延して終了です。これまでの作業で、ほとんど仕上がっていますが、まだまだ均一な厚さを目指して作業を進めます。

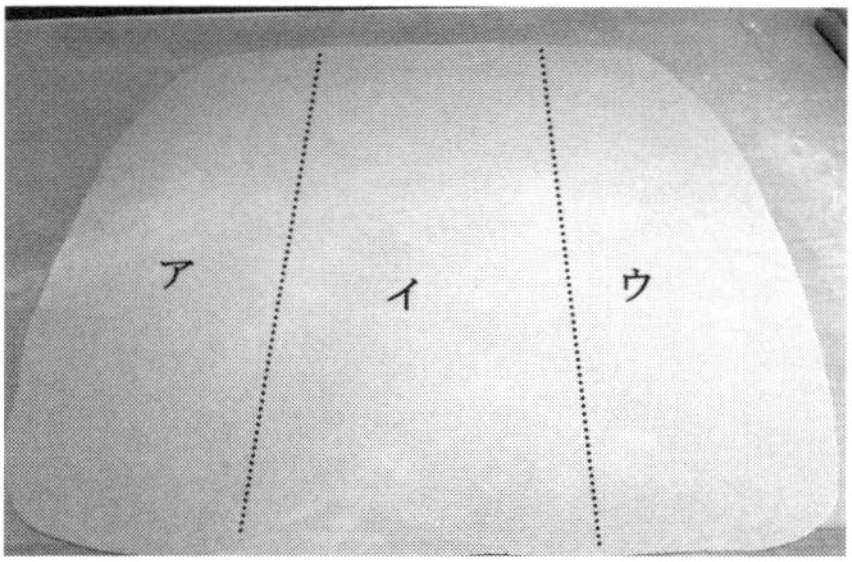

図4－40

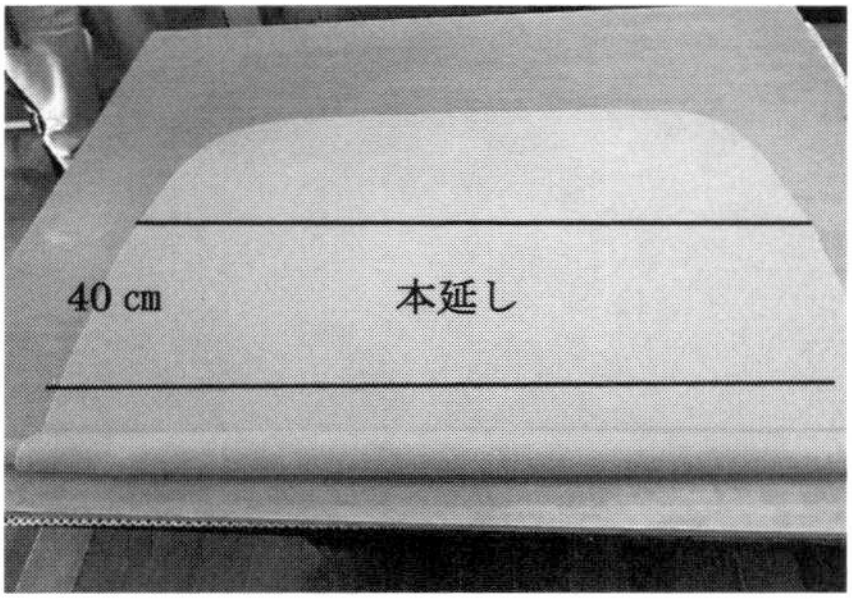

図4－41

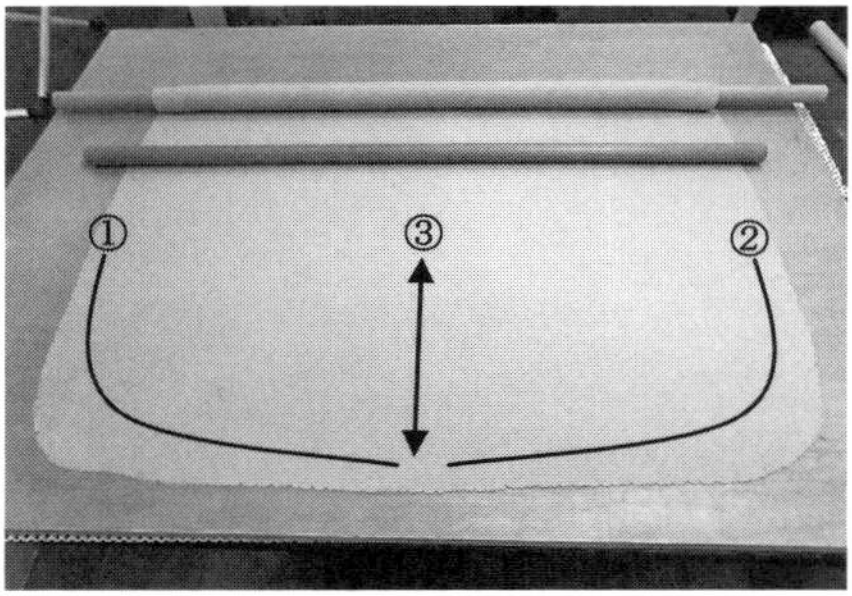

図4－42

生地を麺棒にすべて巻き付け、手前に引いてから軽く巻き延しをして安定化させ、半分ほど開いて40㎝ほど本延しをします（図4－41）。延した部分は麺棒に巻き取り、下に引いて残りの部分も延します。延し終わったら麺棒に巻いて、180度回転して延した部分を開きます。（図4－42）。開いた部分は一度仕上げましたが、反転してから見ると厚みがそろっていないことに気が付くことがあります。念には念を入れて仕上げるわけですが、回転する前に上手く延せた場合は確認程度で済みますし、厚さが整っていない部分があれば図4－42の①②の順に下げ延しで、③は全体が平らになるように上下に延して整えます。そば打ち作業の流れの一部として是非やって下さい。

終了したら軽く打ち粉を振って麺棒に巻き付け、下に引いて上を開きます。残りの部分は同じように延して終了です。

ラインを整えることや角を出すことだけに集中しないでください。ラインが良くない場合は、ほとんど丸の厚みが違っていたことが原因です。ラインを気にするあまり薄い部分を更に薄くしてしまったり、厚い部分をそのままにしてしまったりすると、美味しいそばを打つという目的からずれてしまいます。

私も大会で技術を競い合っていた頃は、見栄えの良さに重きを置いたそば打ちをしておりました。しかしいつの間にか、それをしなくとも、各作業を的確にこなすことによって、良い結果が付いてくるようになりました。読者の皆様も、各段階の作業を的確にこなすことに重きを置いた練習を行って頂きたいと思います。形よりも厚さ第一です。

### 安田流延しの極意

#### １．延したい場所の前に身体を置いて作業する（図４－43）

延す場所は自分の体の前です。何処を延すにしても同じ条件で延すことを重視しています。厚さやラインが整え易くなります。

#### ２．延したい目的に合わせて麺棒は動かす

延し棒は、厚いところを薄くする場合は小刻みに動かし、全体を平らにする場合は力を抜いて大きく長い距離を移動します。麺棒を動かす距離は延す部分の厚さに関係します。

#### ３．作業により上手く体を使って延す

腕は肩から指先に向かうほど器用に動きます。針に糸を通す時に肘や手首は固定し、指先だけ使うのは、器用に手を使うためです。つまり広い範囲を延すとき、肘や手首を使い過ぎると器用に動き過ぎて、かえって厚さが整いません。広い範囲を延すときは、肘をほとんど曲げ伸ばしせず、手首は固定し、身体ごと麺棒を移動して延すようにすると麺帯に体重が乗ります。

逆に狭い範囲やラインを少し直したい時などは、体で延すイメージではなく、手首で延すイメージで作業するときれいに仕上がります。

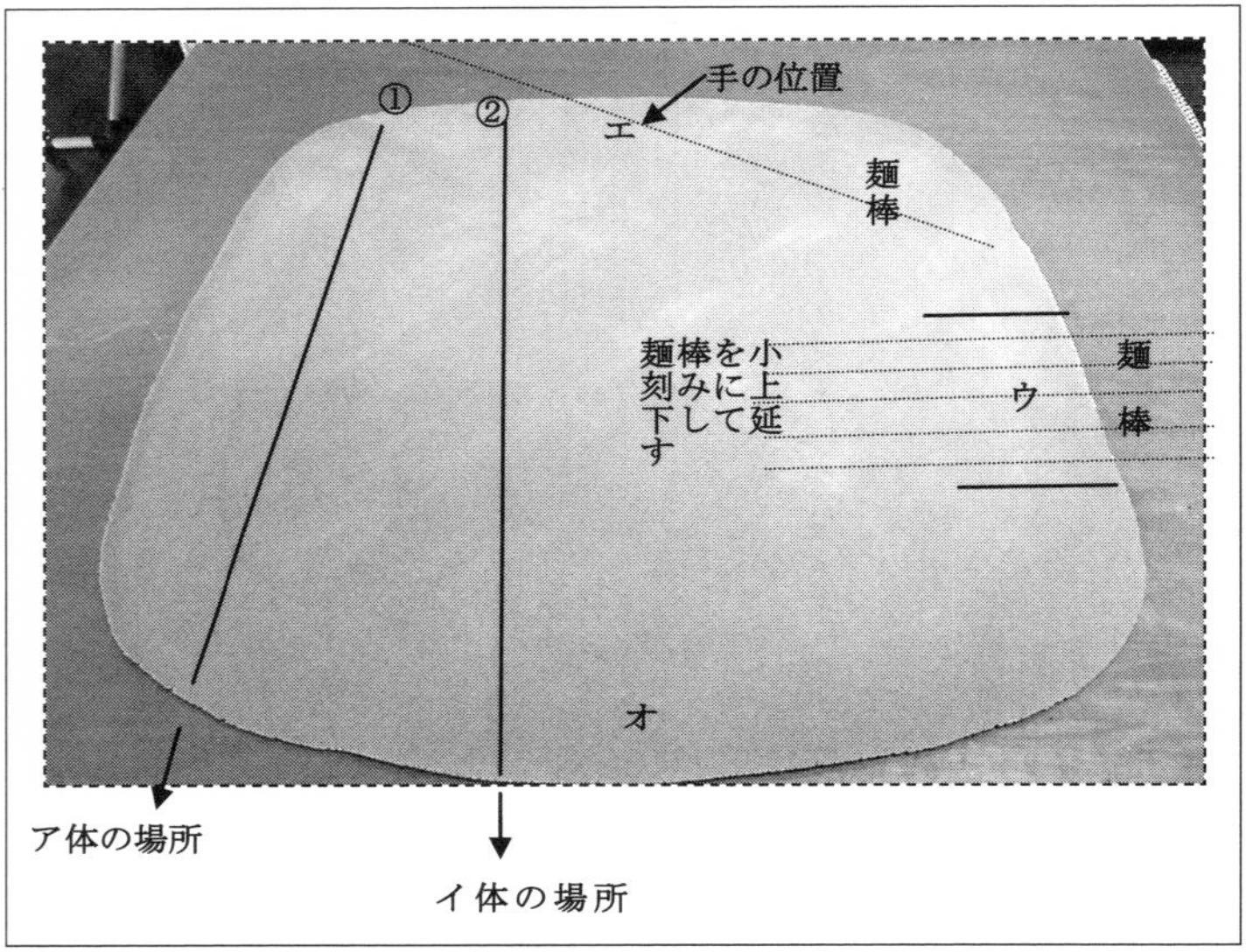


図４－43

①の罫線辺りを延すとき、体はアの場所、②の罫線辺りを延すときはイの場所に移動します。手の位置は①（②）の両脇に置き、延したい部分が目の下に来るようなイメージで延すと、生地に対する負担も少なくなりますし、均等に延すことができます。

ウの30cm部分が厚く、薄くしたい場合は、麺棒が５～６回上下しながら舟を漕ぐように移動します。薄く成りましたら徐々に力を抜いて大きく一度に上下して均します。

エの近辺が厚い場合は麺棒を横にして延したい部分の真上に手を置いて延します。（オの部分も同じです）

## ４．生地と目の距離は遠くに

一点に集中し過ぎると、どうしても生地と目の距離が近くなってしまい、広い範囲を見渡すことができません。どこを延している時でも全体の生地の動きに気を配らなければなりません。そのために肘を延ばし、生地との距離を大きくとることを心掛けます。

## ５．手は中央を避けて延す

本延し終了後麺帯を麺棒に巻いた時、両端より中央が細くなることが有ります。この原因を幾つか考えてみましょう。

① 四つを出したとき既に中央が薄い。

加水量を控える、四つの大きさを小さくするなどの対応が考えられます。

② 幅出し、本延しで手が中央にある。

中央は既に薄い（粉の量が少ない場合は特に）事を念頭に生地を延します。手を中央に置かない事も一つの対策です。

## ６．生地の上辺と下辺は麺棒を斜めにして延す

畳んで切る段階で（図４－44）気が付くことが多いのですが、麺帯の最後の部分が（本延しの時は上下になります）厚く（図４－43エとオ）残っていることがあります。原因の一つは延し方にあります。上辺や下辺は麺棒を斜めにして、延したい部分の上を手が移動するように延

すと厚く残りません。

延し終わったら生地を麺棒に全て巻きとり、横から見て生地の厚さを確認します（図4－45）。巻いた厚さが整っていたとしても内側が整っているかはわかりませんので、生地を上下に触ってみて確認するのも良いでしょう。厚みが違えば開いて延し直し、良ければたたみに入ります。

**たたみ**

一般的に8枚か12枚に畳んで切ります。12枚畳みは切るべき麺帯の長さが短くなり、時間的に有利であるように思われますが、その分、厚くなりますので包丁を麺台に対して垂直に下ろさないと上下の切り幅が違ってしまいます。特に外包丁や内包丁などの癖がある方は、切り出しの麺の太さに影響が出る危険性がありますので、八枚畳みをおすすめします。

その後の作業の「切り方、立ち方、その他」につきましては、第1版に詳しく記してありますのでご参照ください。

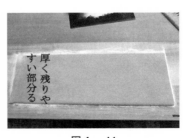

図4－44

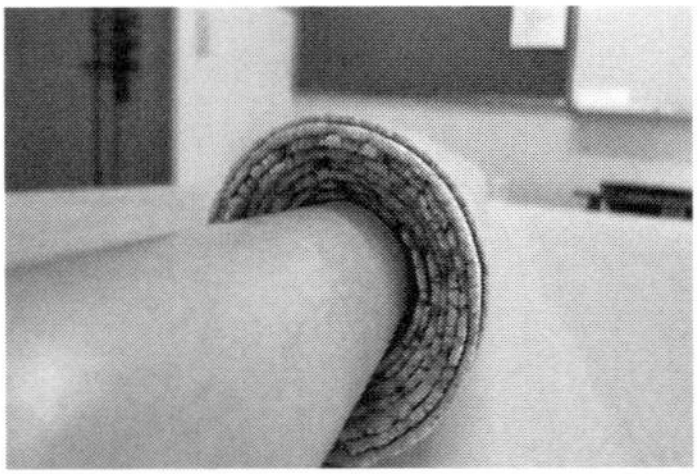
図4－45

# 第5章　安田流そば打ち特殊技術

## 粗挽き生粉打ち水捏ね切れる原因と対処法

粗挽き粉と言っても色々あります。元々そばにならないような粉も有りますが、そのような粉を打ってみても仕方ありません。食べられないのですから。

本章で言う「粗挽き粉」とは、打つのは難しいが上手く打てば長いそばに成り、しかも食べて美味しい「粗挽き粉」です。製粉会社では多種多様な粉を販売していますが、そばにならない粉を販売している所はないと思います。

先ずは「粗挽き生粉打ち水捏ね」このような粉を打つと、なぜ長いそばにならないのか考えてみましょう。第一章、第三章でそのヒントは述べましたが、それが解明できれば、その原因を取り除くことによって美味しいそばが食べられるというわけです。

### ①　水回しが原因

**対処**　そば粉は成分中の主にタンパク質の力で麺にします。デンプンは熱を加えない限り麺線を保つ力はありません。ですからできる限りタンパク質全体に水が均等に届いているような水回しが必要になります。技術的にも熟練が必要です。

### ② 多加水が原因

**対処** 作業中に生地が割れるのを防ごうと水を多く加えてつなげようと考えます。第2章で記述しましたが多加水ではグルテニンが弾性力を失います。確かに水は分子どうしをつなげる力（水素結合）が有りますが、茹でると麺線中の水の分子運動が激しく成り、急激に茹で湯と入れ替わるために切れる原因になります。水の量は「最少過剰」です。

### ③ 捏ねすぎが原因

**対処** そば粉十割打ちではグルテン形成はありません。アルブミンは水溶性ですから水が加われば溶解します。そば粉中の水分は、ほとんどこのタンパク質（アルブミン）が保有していると考えられます。またこのタンパク質は脂質などとも結合し、溶解した状態（ミセル化）にすることもできますから麺線の保持には一役買っているでしょう。

性質の同じ物質は互いに集まって一塊になる性質があります。捏ねているとある時期から「コシが抜けたような状態（粘りが無くなった状態）」になる事が有ります。これは捏ねすぎて、グルテニン、アルブミン、リン脂質、その他の水を保有し、そばの麺線を繋ぐのに役立っていた物質が、水と分離してしまうのが原因と思われます。水回しがしっかりできていれば捏ねは軽く済ませるのが良いでしょう。

### ④　作業に時間が掛かり過ぎる

**対処**　生粉打ちをしていると、延し棒が水を吸って動かなくなってしまう事が有ります。それは、そば生地の成分から水が分離したのが原因です。捏ねの状態なら再度捏ねれば良いのですが延しの作業に入ってしまうと捏ね直すわけにいきません。

作業は素早く行う必要があります。第３章で紹介した「裁ちそば」のような打ち方も一つの方法ですね。もちろん私は切る時、駒板を使いますが。

### ⑤　延しの負担が大きい

**対処**　切れ始めるのは丸を大きくする頃からで、幅出しの頃はどうしようもなく成ってしまいます。大きな原因の一つは猫手で強く先へ延す事です。第３章で登場した「久蔵庵の平松一馬さん」は「延しは練り込みも兼ねて行うイメージで」と言っておりましたが、生地の上からしっかり圧すことはとても重要だと思います。作業の所で私が行っている「圧し延し」と呼んでいる方法を紹介します。「あばた」になった生地も元に戻ります。

## 安田流粗挽き生粉打ち法

### 水まわし、練り、くくり

前述の「切れる原因と対処法」の①～⑤を鑑みて作業は組み立ててありますが、作業進行中の粉の状態や生地の状態により多少変化します。

**水まわし**

**第1加水**

必要量の90％前後を加えます。ゆっくりアオリ（粉を両手ですくって落とす作業）水を分散したら（図５－１）、粉にあまりショックを与えないように、最初は部分的に小さく回し、その後水が分散したのを見計らってゆっくりとした「外まわし」に切り替えます（図５－２）。並粉の場合より何回か多くアオリを入れます。

「回す」作業は、そば粉粒子の表面を平らにしてしまう事も否めません（図５－３）。生粉の場

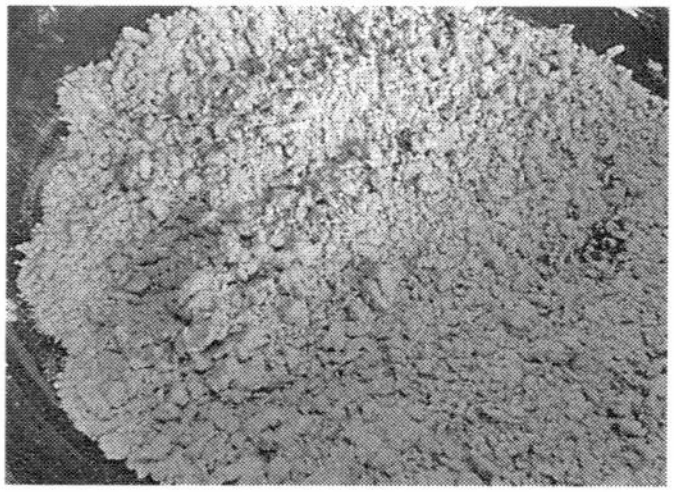

図５－１　水の分散

図５－２　第１加水１分後

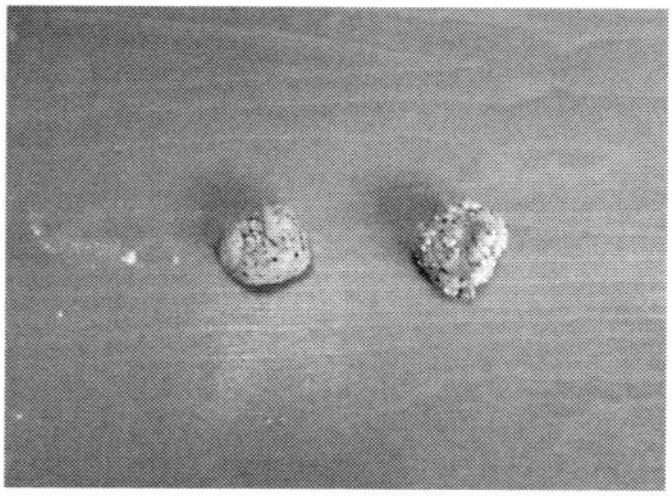

図５－３

左は表面がツルツルで右は金平糖状、右のような状態が好ましい。

合はこうなると水を吸ってくれません。そこでアオリを入れて、粒子は荒れた表面の状態に成っているのがベストです。

しかしアオリは粒子を上方から鉢に叩きつける作業でもありますから、あまり多様しすぎると水の分離にもつながりますので注意が必要です。

水が分散すると最初はサラサラとした状態に成りますが水が回ってくると徐々に湿り気を感じるようになり徐々に粒子同士が寄ってきます（図５－４、５）。第１加水でじっくり水回しを続けると更に粒子は湿り気を帯びてきます。

**図５－４**

水まわしを続けていると「濡れた糠のような状態」から徐々に湿り気を増して寄ってきます。大きなだまができそうなら、手に付いた粉を落とす等して、少しの間放置すると良いでしょう。

**図５－５**

この後粒子は更に湿気を帯びた状態に成り互いに寄ってきます。

## 第2加水

第1加水で水は十分入っていますから、それぞれの粒子は水が浸透しにくくなっています。ここで多量に加水すると、水が粒子表面のみを溶かして互いに寄ってしまい、大きな玉になってしまいます。粉によっては手に付いてどうしようもなくなります。表面だけが溶けた状態ですからまだ水が足りないのですが、あたかも十分であるかのように感じ、加水を止めてしまいますと、練りに入った頃に水が浸透し固く成ってしまいます。

第2加水からは、少しずつ水を加え浸透させる必要があります。しかし時間を掛けることは出来ません。難しいところです。粒子同士がくっ付いて大きな玉にならないようにアオリも多用します。もちろん甘皮の少ない粉は脂肪分も少ないので「油出し」作業は行いません。

## 第3（第4）加水

水が浸透したのを見計らって第3加水です。残りの50％加水しますがもはや回すことは難しい状態に成ると思います。ゆっくりアオリを入れて硬さを確かめ第4加水が必要なら加え、何度かアオリを入れて終了です。玉は自然に寄って一塊になります。

## 練り

粗練り（図5－6、7）は握るように1周ほど行って直ぐ上から圧をかける練り（図5－8、9）で仕上げます。ドウに傷をつける（図5－10）と、それが延しの時に現れて辺が切れたり生地が「あばた」に成ったりすることがありますので注意して練り込みます。

八割方練り込んだら手を洗います。洗っている間に水が浮いて（図5－11）光ってくると思います。手洗い終了後1～2周菊ねり（図5－12）を行ってから二八と同じように「くくり」を行います。くれぐれもねりすぎには注意してください。

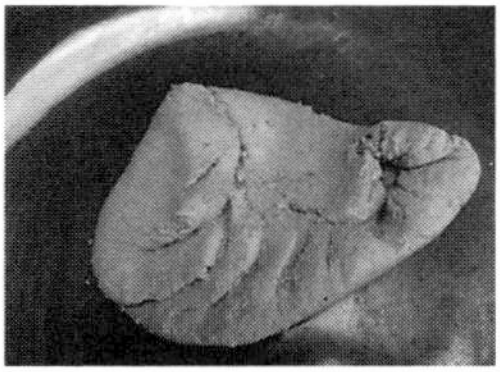
図5－6

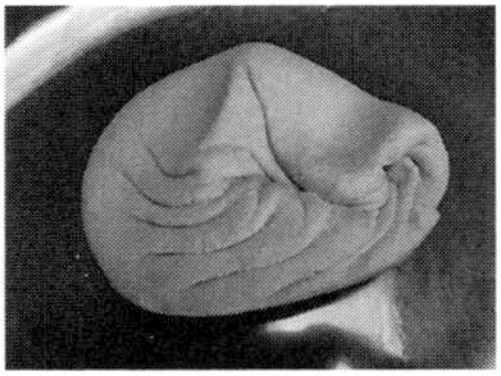
図5－7

図5－8

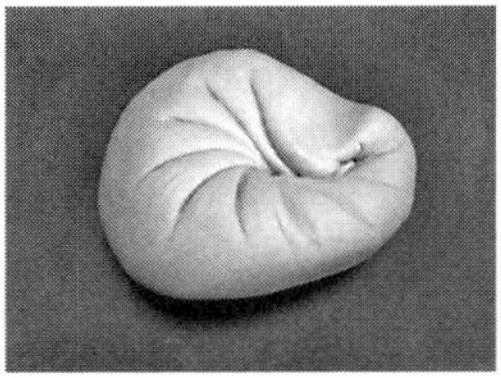
図5－9

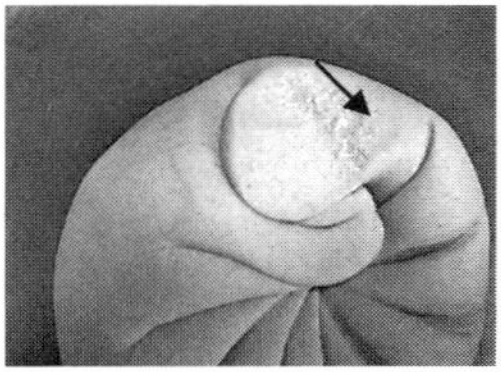
図5－10

図5－11

図5－12

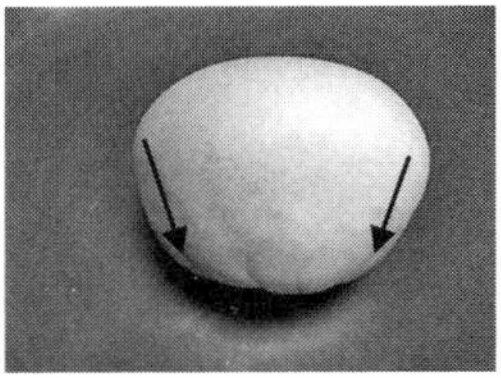
図5－13

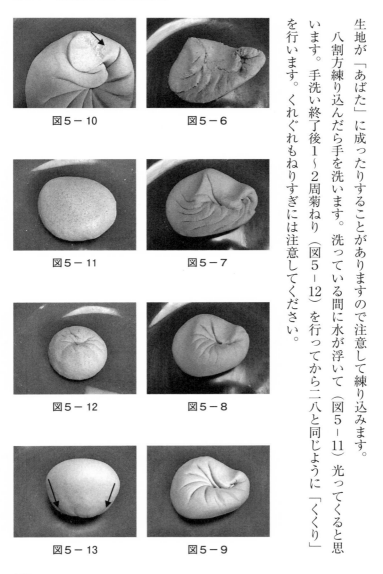

## くくり

安田流では「菊ねり」の状態で、図５－13のように「つの出し」も少しできています。前述しました通り「つの出し」で、円すいの母線が膨らんでいるのは良くありません（図５－14）。上から下に向かって母線を圧して行き、頂点の穴は空気を押し出すイメージで最後に閉じますのでむしろ内側に反っている方（図５－15）が良いのです。

「つの出し」後円すいの頂点をゆっくり注意して圧し、ドウ（図５－16）に仕上げます。ドウの直径はおよそ23㎝程度にします。並粉の時より大きめです。

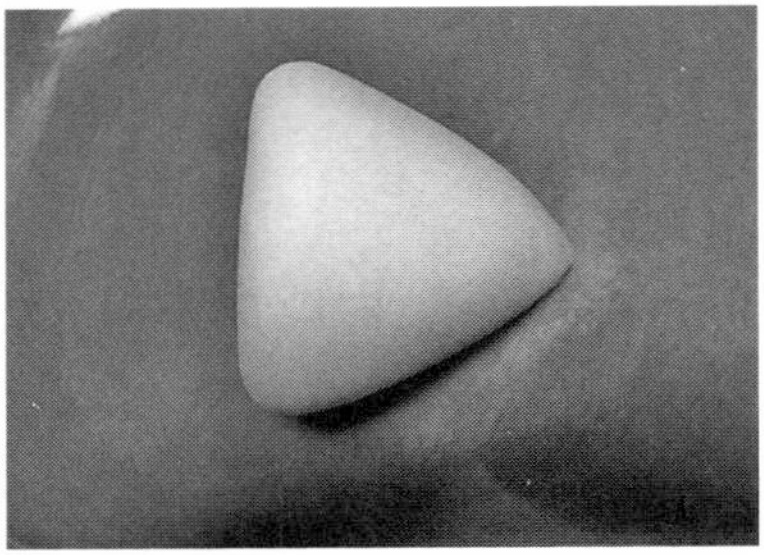

図５－14

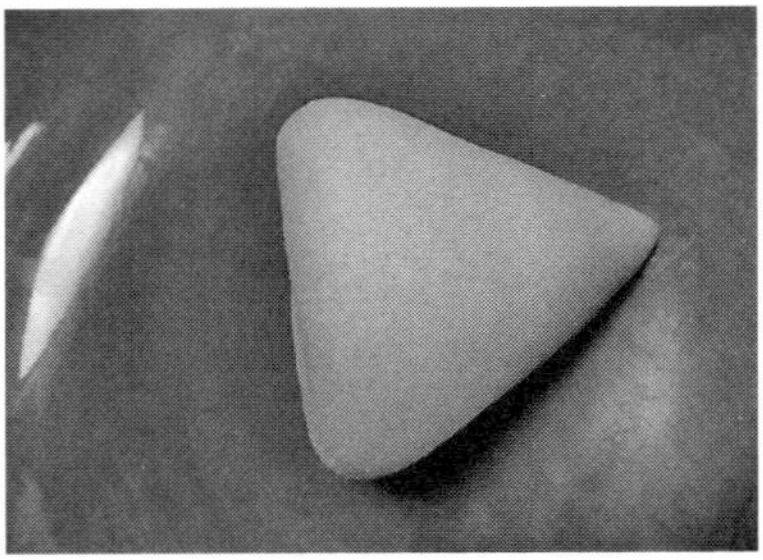

図５－15

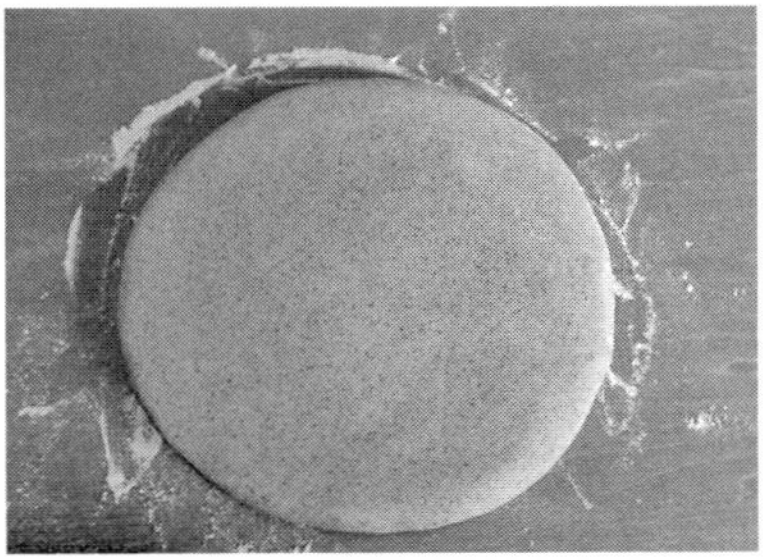

図５－16

## 丸出し

先ず「地延し」ですが、切れやすい粉はこの作業で円周が割れ始めます。それを防ぐ方法の一つとして安田流では次のような操作を行います。

右手はドウの周から数センチ内側を圧しながら30度ほど回転し、同時に左手は立てて周を右方向へ圧しながら手前に引きます（図５－17）。すると図５－18のような状態に成ります。連続して同じ作業をリズミカルに繰り返すと、１～２週で図５－19の様に円周から数センチ内側の部分が凹んだ状態に成ります。

大きさを見計らって徐々に円周部分に右手を移動し、同じように回転しながら延して行くと図５－20のように中央に円錐台が残った状態に成ります。

中央に残った円錐台は回転しながら両手で囲むように絞り込んでいくと、中央がへその様な状態に成ります（図５－21）。それを圧してある程度平らにしたら（図５－22）、さらに大きくそして厚さを整えるために並粉と同じような地延しを１～２周行って終了です。地延しの直径は45センチほどに仕上げます。薄くなるほど円周は切れやすくなりますから、猫手で丸を仕上げる前に大きくしてしまいます。ですから並粉の地延しより大きめです。

次いで波延しも並粉の時と同じように行いますが、最終的な丸の大きさはここまでで、ほとんど出してしまいます。

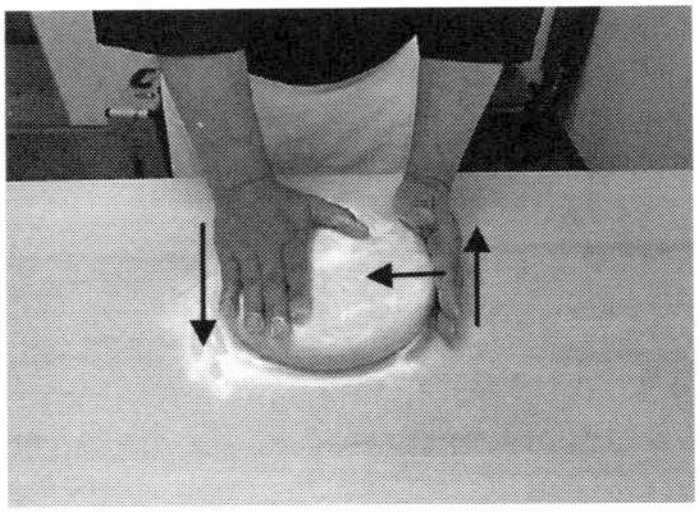

図5－17

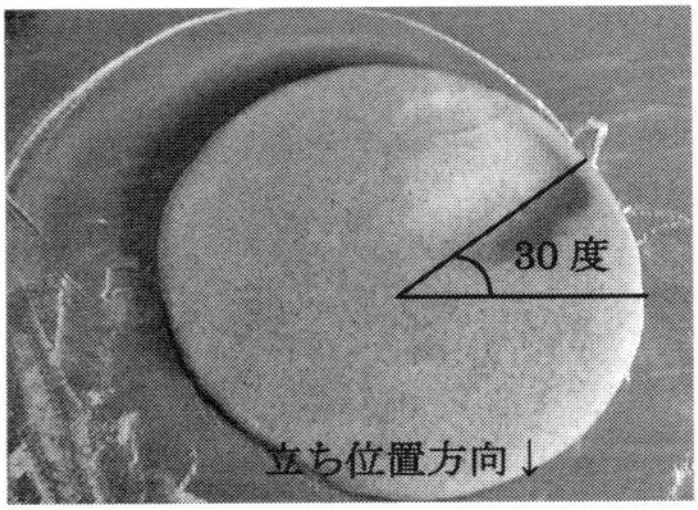


図5－18

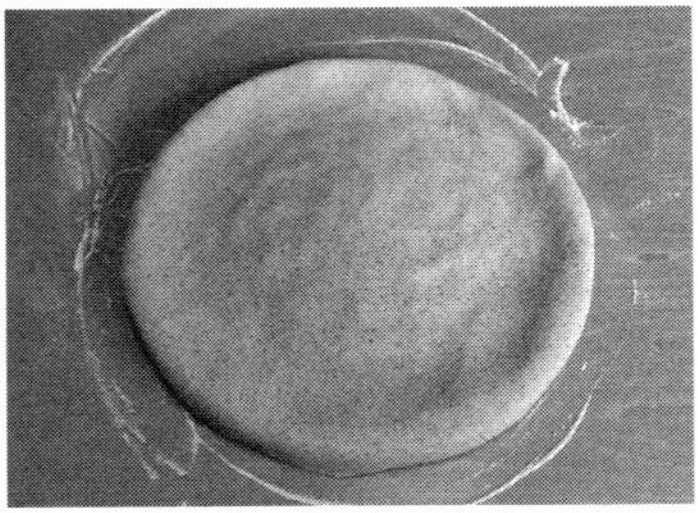

図5－19

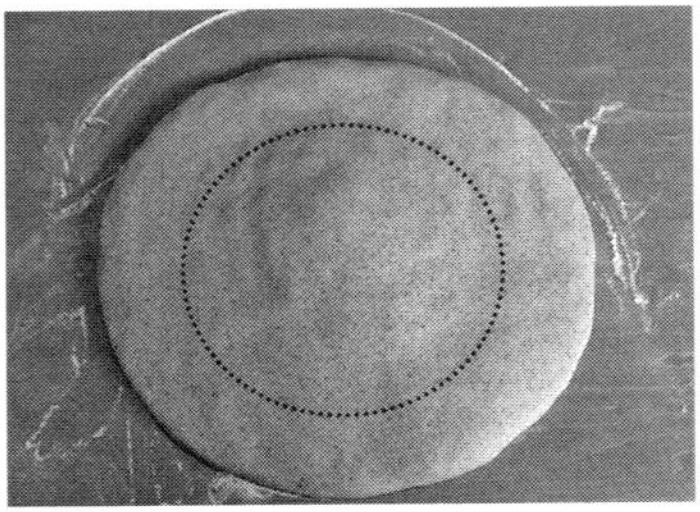

図5－20

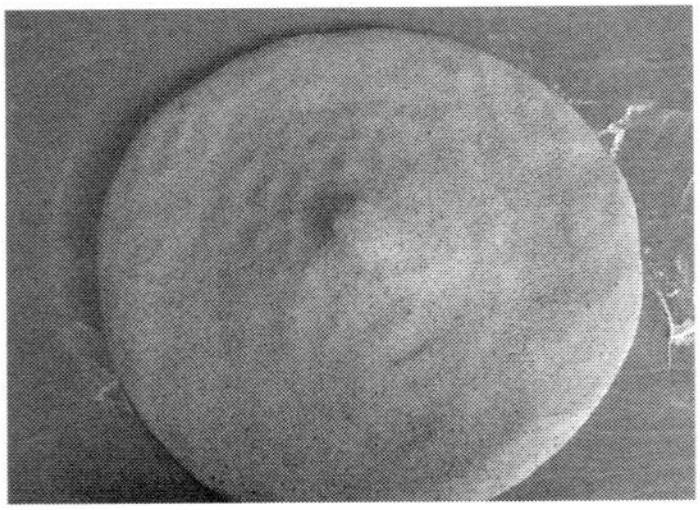

図5－21

図5－22

## 圧し延し法（おしのしほう）

丸の仕上げにはネコ手を使って滑らかな生地に仕上げますが、安田流では「圧し延し（仮名）」を行います。この方法は御前粉等も含めて切れやすい粉を打つときにとても有効です。是非試してみてください。

しかし文章で説明することはとても難しい事ですので予めご了承ください。

図５－23の実線（麺棒）で囲まれた（ア）の部分を延す場合は、①の麺棒を斜め前に圧し込みます。その後、麺棒を②の位置まで引いて②を斜め前方に押し込みます。同じように麺棒を③の位置まで引いて押し込み、麺棒は下がりながら繰り返し同じ作業を⑥迄行うと、①～⑥に麺棒の跡が残り波延しをしたような状態に成ります。あまり長い距離を延さず適当なところで麺棒の跡を平らに均して下さい。慣れてくると麺棒の後もあまり付かなくなりますので楽に平らに均すことができるようになります。

麺棒を引くときは延さずに下げるだけです。引き延しではないので注意してください。これができるようになりましたら「丸出し」も「圧し延し」で仕上げます。

中心角60度のおうぎ形を丸の左右にイメージして（図５－24）ア、イの部分を仕上げます。

先ずアの部分は麺棒を図の実線①～下の実線まで「圧し延し」で下げて行きます。麺棒は図の点線①、②、③……、のように円の中心を通るイメージで移動するときれいな弧を作ることができます。アが終了したら同じように反対側のイの部分も仕上げます。

左回りに60度回転すると、図5－25のような状態に成ります。ウ、エの部分もア、イと同じように延してまた60度回転します。オとカが左右に成りますから同じように「圧し延し」で仕上げれば終了です。大きさの調節や厚さの調節も「圧し延し」を利用してください。

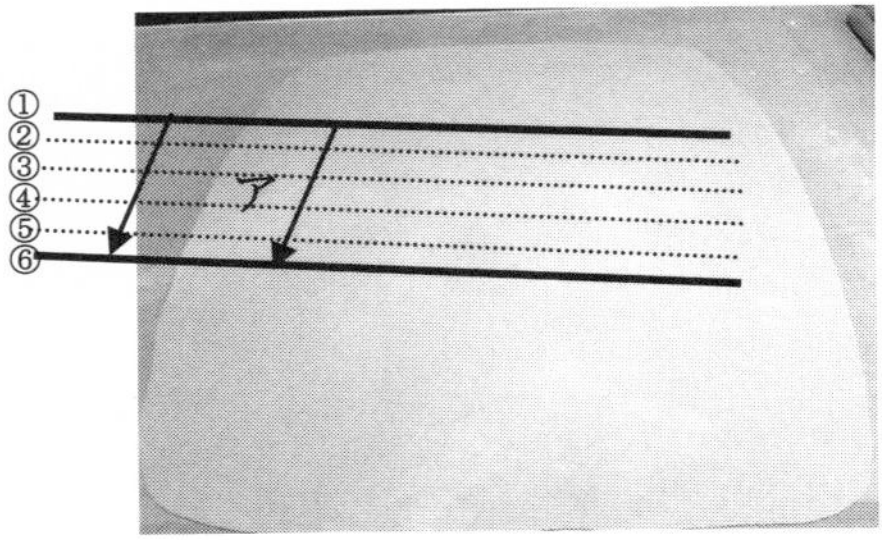


図5－23

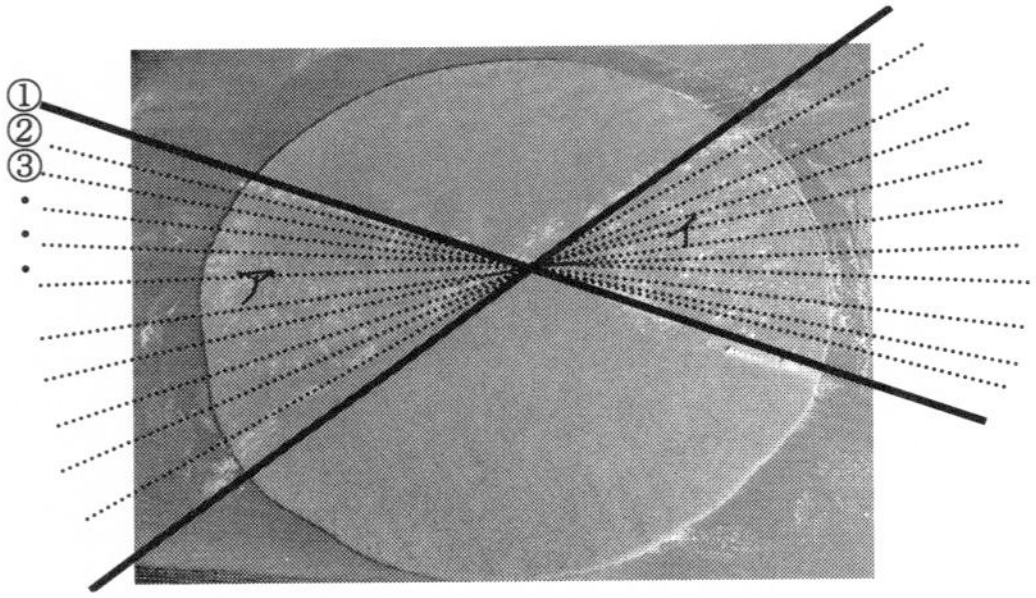


図5－24

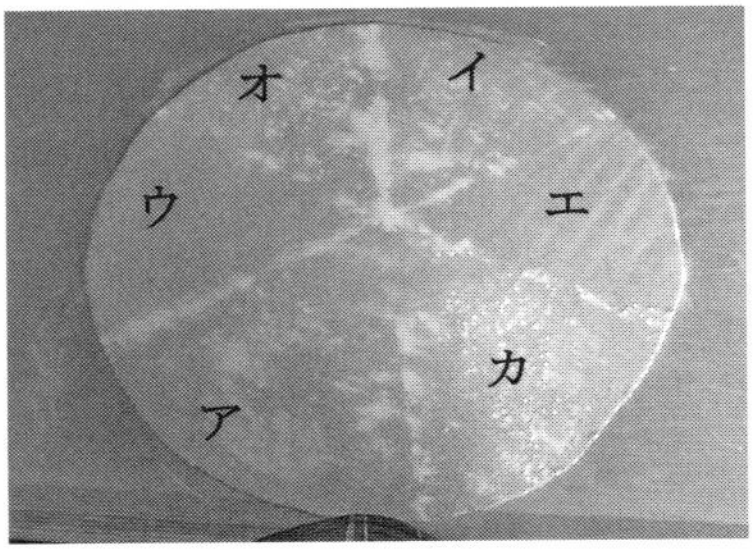


図5－25

幅出し本延しも並粉の時と同じ作業で大丈夫ですが「圧し延し」を行った場合とそうでない場合の図を示しますので参考にしてください。

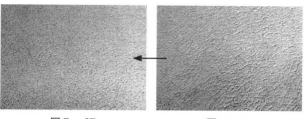

**図５－26**
四つ出し後の状態。

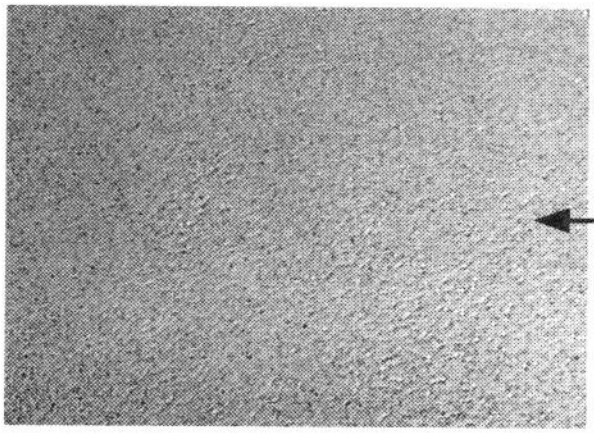

**図５－27**
四つ出し後圧し延しをした状態。

**図５－28**
左辺は圧し延し、右辺は通常の延し。

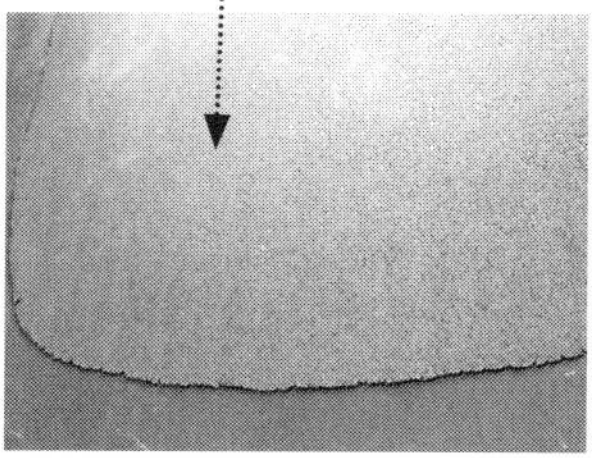

**図５－29**
図５－28の左辺部分を拡大。

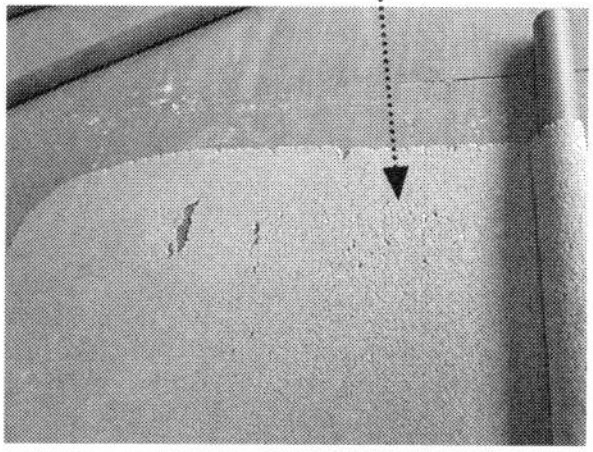

**図５－30**
図５－28の右辺部分を拡大。

丸出しの途中位で円周が割れてきた場合など、とても最後まで作業が無理だと判断した場合は次のような方法で仕上げることもできます。

**方法その１**　円周を１～２㎝（割れた部分を残さないように）丸く切り取ります。切った生地は水を少し加えて練り、煎餅のようにしてから接着剤代わりに水を塗って丸の中心に貼り付けます。周りと同じ厚さに延して次の作業に入ります。中央に置いた生地は丸出しが終わるころには判らなく成りますので大丈夫です。

**方法その２**　四つ出しで生地を麺棒に巻くことは生地にとって多くの負担が掛かります。そこで図５－31～33の要領で四つにするのも、慣れると意外に奇麗に仕上がります。もちろん圧し延し（波延しでも大丈夫）で作業します。大きく成ったら左右１辺ずつ行います。

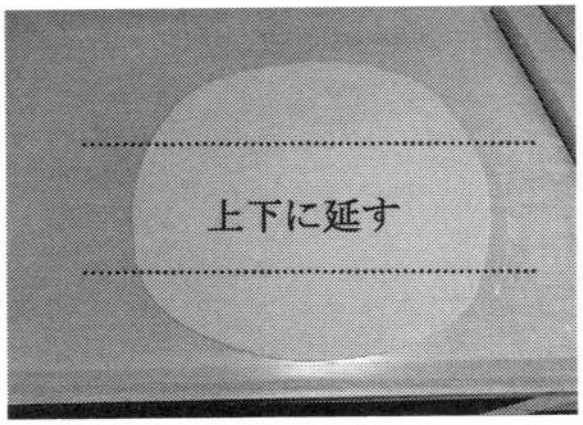


**図５－31**
中央部分を麺棒で上下に延す。少し四角くなります。90度回転します。

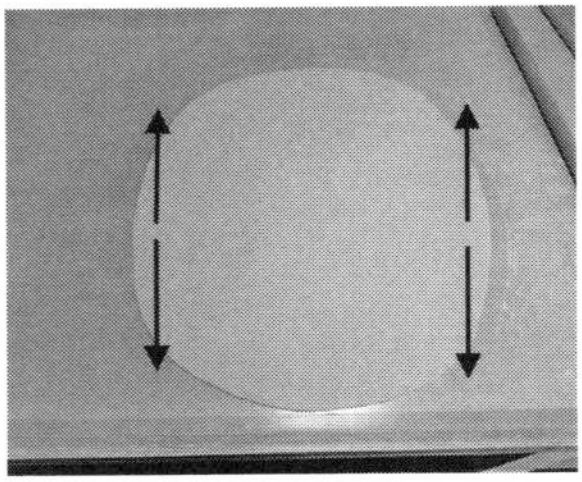

**図５－32**
同じように中央部分を麺棒で上下に延す。左右のラインは四隅に送るイメージで整えます。

**図５－33**
90度回転して延す作業を何回か繰り返し幅を出します。

## ７００ｇの粉を打つ

少量打つときは丸延しが便利だと思います。私自身少し食べたいときは家庭用のボールで水回しをして捏ね、団子にしたら丸延しをしてそばにしてしまいます。しかし、全麺協の大会などでは四つを出すのが一般的ですので通常の江戸打ちで解説します。

基本的な打ち方は１kgの時と同じですが工夫することできれいな長いそばを打つことができます。

水回し四つ出しまで通常の基本的作業を行います。しかし大きさが重要ですので、各作業の大きさを示した表５－１を参照してください（厚さ１・７㎜前後）。

**水まわし練り**

量が少ないため第1加水で水が廻りにくい場合は、手で軽くすり合わせるなど工夫します。

通常の「練り」ですが、生地にダメージを与えないように注意してください。

| 粉の量（g） | 丸出し | | | 四つ一辺 | 幅出し | 本延し |
|---|---|---|---|---|---|---|
| | 地のし | 波延し | 仕上げ | | | |
| 500 | 30 | 35 | 40 | 48 | 75 | 51 |
| 700 | 32 | 40 | 48 | 62 | 80 | 67 |
| 1000 | 40 | 50 | 60 | 70 | 85 | 90 |
| 1200 | 45 | 55 | 65 | 72 | 85 | 108 |
| 1500 | 48 | 58 | 68 | 75 | 85 | 135 |

**表５－１　粉の量と各工程の長さの目安（㎝）**

## 丸出し、四つ出し、幅出し

丸を地延し、波延し、仕上げで48㎝前後とし、四つは対角線をおよそ87㎝にすると1辺が約62㎝の正方形に成ります（表5－1・700gを参照）。

安田流では500グラム以上の並粉を打つ場合、幅は一定（80㎝前後）とし、長さを調節することで、いつも同じ長さの麺線を打ち上げるようにします。

先ず四つを出したら全体を上下に延しておよそ67㎝とします。最終的にはこれが本延し終了後の長さに成りますので丁寧に延してください。

巻き棒に巻いて90度回転し横にします。その後左右のラインを決め再度全体を均した後、そのまま下半分を下げ延しで仕上げ、およそ縦70㎝の長方形とします（図5－34）。

全体を巻棒に巻いて軽く巻き延しをしてからまだ延していない上部を開きます（図5－35）。この作業で生地を巻き棒に巻いてから延す第一の理由は、巻棒に重りの役目をさせて生地が動かないようにするためです。

開いた部分は巻いた部分と同じ厚さに延してから麺棒に巻いて180度回転し、全部解いて長さを確認します（図5－36）。全体を均して80㎝前後として幅出し終了です。この作業は幅出しだけでなく、本延しの役割も含んでいますので丁寧に厚さや形を整えます。

もし全体を均しても長さが短かったり厚さが整っていなかったりしたら、再度下半分を下げ延しで延すところ（図５－34）から繰り返し、80㎝前後とします。

その後90度回転して全てを広げ、左右のラインを整えながら厚さの微調整をして終了です。この時点で全体の厚さが整っていなかったり、もう少し薄くしたかったりする場合は、巻き棒に巻いて本延し（１kgの場合と同じ）をすると更に厚さが整います。

延し終わったら８枚に畳んで切りますが、大会や認定会などで時間制限がある場合でも麺帯の長さが短いので（およそ33㎝）切りの時間は短くて済みます。

丸の厚さが整っていないと四つ出し位から辺が直線に成りません。量が少ないので楽に打てますが、微調整が難しく、とても良い練習に成ります。

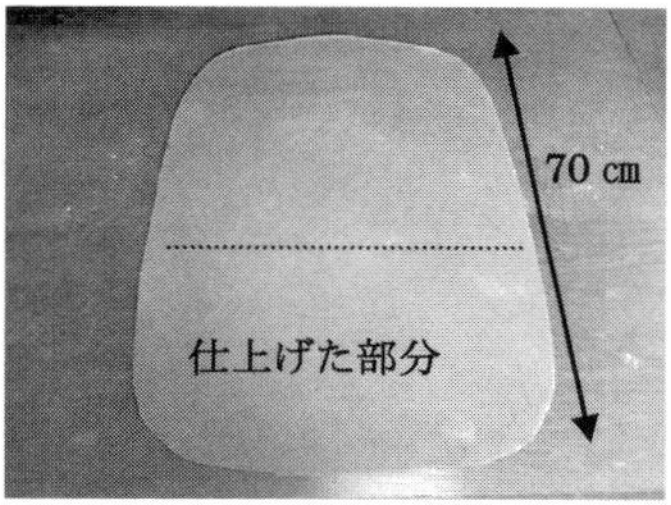

図５－34
下の半分を下げ延しで仕上げました。

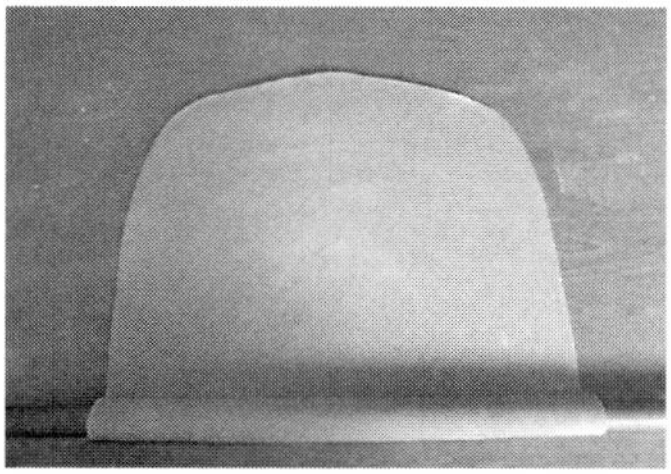
図５－35
生地が動かないように巻き棒に巻いて作業します。

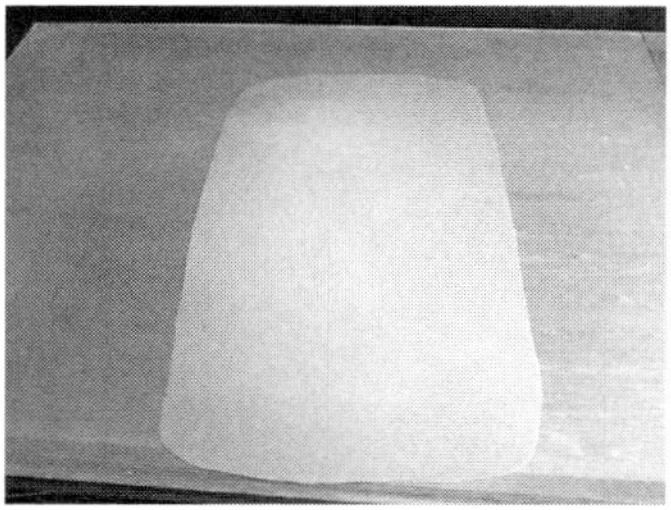
図５－36
およそ縦80cm（幅になる）、横67cmの生地に仕上げます。

## 安田流丸延し法

彩蕎庵の会員に、丸延しの名人がおります。彼女には長野の「丸延し名人戦」で初めて出会いました。もちろんその大会で彼女は名人を取得されました。

私自身が江戸打ちでもあり、「丸延しは田舎そばを打つときに地方で行われる昔ながらの方法で、改めて学習する方法でもない」と決めつけておりました。

そんなある日彼女から連絡が有り「江戸打ち」を教えて欲しいというのです。もちろん彼女は「江戸打ち」もできましたが、更に研鑽し、そば打ちを極めたいという気持ちが強く感じられましたので入会を承諾いたしました。

それから数カ月後、彩蕎庵主催のイベントがあり、そこで良い機会とばかりに彼女に丸延しのデモ打ちをお願いしました。それは見事で、麺帯を麺棒に巻いて軽く叩きつけながら延す様はリズミカルで見入ってしまいました。

彼女曰く「江戸流で四つを出して打ったのと、丸延しで打ったのでは、粉は同じでも味が全く違うのです」

興味深い話です。いつか考察したいですね。

そんなこともあり自分でもやってみると、意外に難しくて丸が大きくなるにつれて崩れてくるのです。出来上がってみると丸ではなく、北海道のようであったり四国のようであったりで散々でした。

前述しましたように粉の量が少ないとき等は丸延しを知っておくと便利だということを知り、練習を重ねているうちにどうにか出来るようになりました。

ただしこの方法で１kgの粉を打ちますと、直径が１メートル前後に成りますので普通のそば打ち台ではこの位が限度でしょう。

また作業上どうしても丸の中央が薄くなります。そこで安田流では丸延しと四つ出しを合わせたような打ち方で実施します。


**水回し、練り、丸出し（そば粉７００グラム使用）**

丸出し迄は江戸打ちの基本作業と同じですが、江戸打ちの場合、丸の直径は48㎝程度ですが（表５－１・７００g参照）、丸延しでは、地延し、波延し。仕上げと比例して大きく仕上げ、最終的に直径55センチの丸とします（図５－37）。

次いで丸い生地を四つ出しと同じ様に麺棒に巻き付けて巻き延しをします。しかし四つ出し程は角を出さずジンワリと卵型にします。その度合いは何度かやってみると感覚でつかめます。一度に大きくしようとすると中央が薄くなり、しわが寄るので注意します。

右回りに45度傾けて麺帯を右上から左下へ開きます（図５－38）。開いた生地の手前から巻き付けて数回巻き延し、同じ様に45度傾けて麺帯を開きます（図５－39）。最初その形に違和感があるかもしれませんが気にせず同じ事を4回（1周）繰り返し直径70㎝ほどの円に仕上げます（図5－41）。粉の量や生地の硬さによっては2周～3周必要になる事もあります。

この作業を何度か繰り返し大きく延していく方法が「丸延し法」ですが、前述しましたようにこの方法は、円の中央が薄く成るのと、畳んで切った時に短い麺が出来るのは否ません。それを補うために次の作業を行います。

70㎝ほどの丸が出たら左右の円周を上下に延します。片方ずつ行った方が良いと思いますが、量が少ない場合は手を左右のライン上に置いて麺棒を上下するだけでも大丈夫です。少し四つの様な肩が出てきます。その後90度横にして同じ作業を行います（図5－31～の作業と同じです）。角の部分は麺棒を横にするなどして整えます。周の厚みが中央の厚みと同じくなるのと同時に僅かに角が出ます（図5－42）。あとは江戸打ちと同じように畳んで切ります。

1㎏の粉では図5－37は70㎝位、図5－41は80㎝位、そしてその後少し角を出して85㎝×90㎝ほどにすると良いでしょう。

熟練のいる作業ですが出来るようになるとそば打ちの幅が広がります。

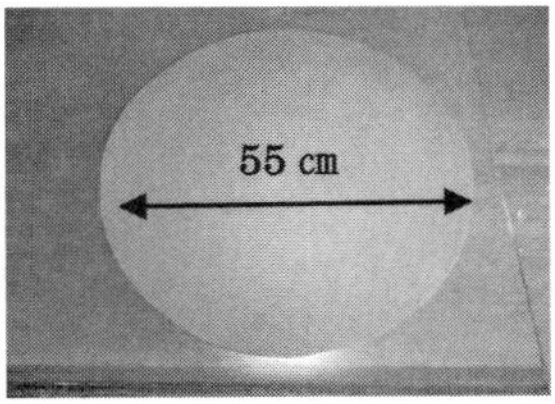


図５－37　丸出し

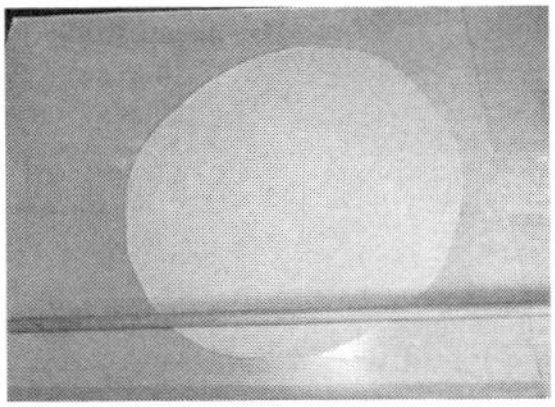

図５－38

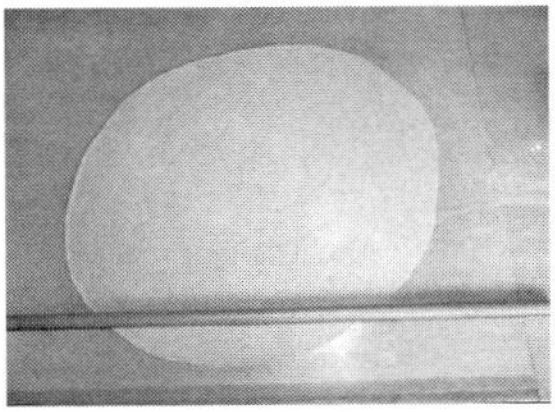

図５－39

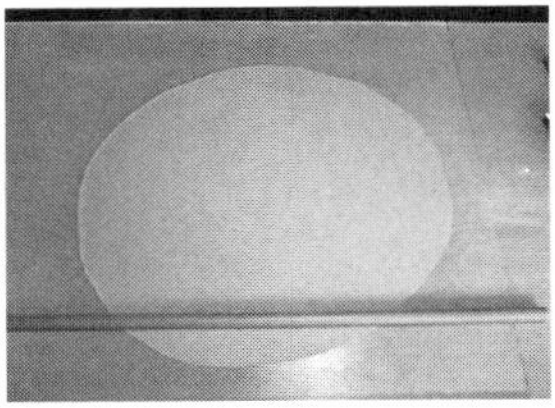

図５－40

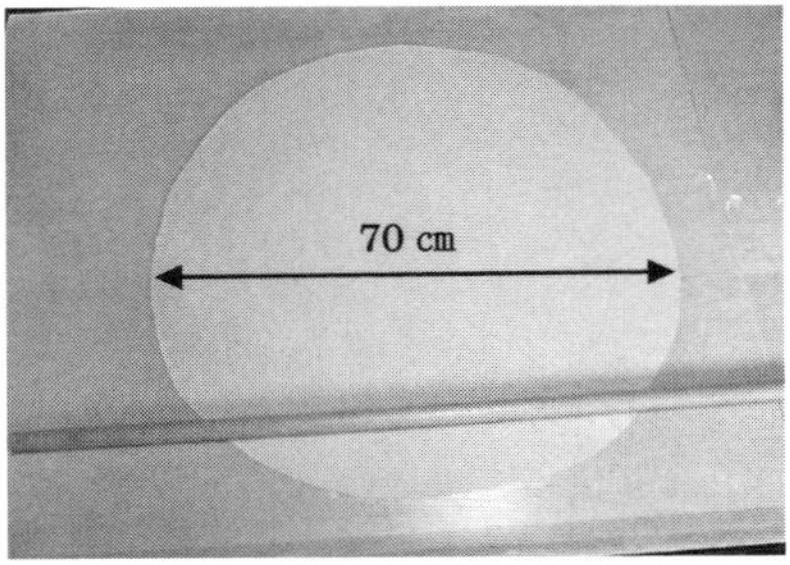


図５－41

１～２周終了した後、左右の周を上下にのす。

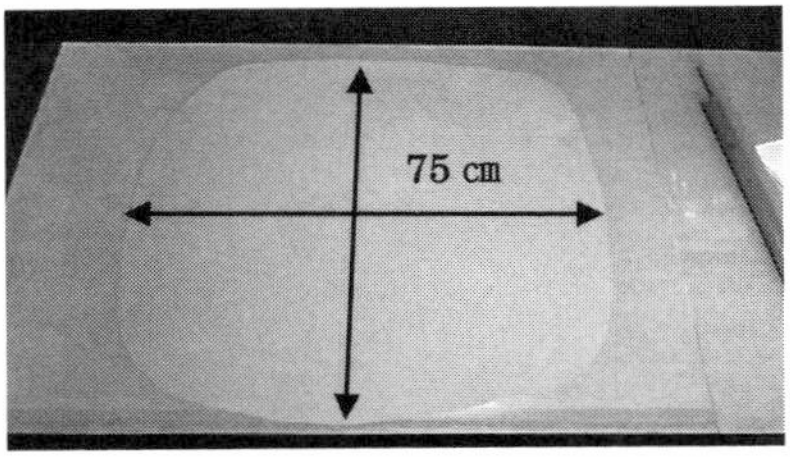


図５－42

90 度横にして左右の周を延すと四つ出しの様な状態になる。

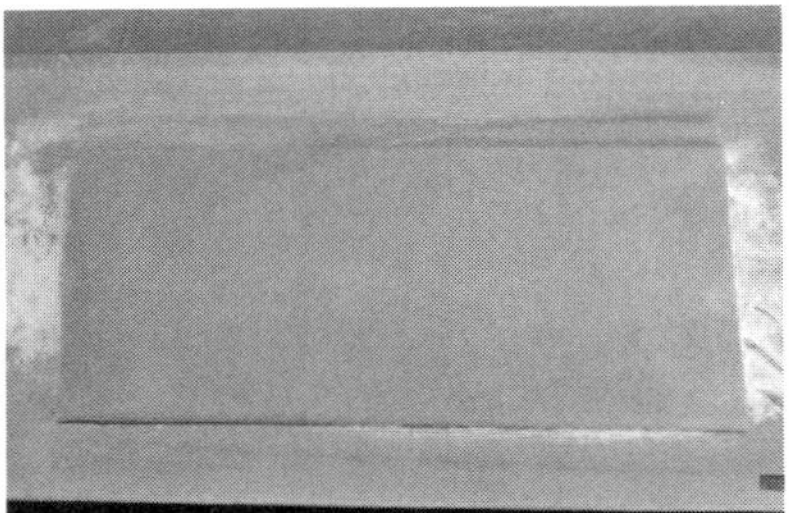

図５－43

８枚に畳んで切る

## 更科粉を打つ

### 更科粉とは

皮をむいた種子（抜き）を1番目のロールに掛けますと内層粉が取れます。これを篩《ふるい》にかけて混在する物を取り除いたのがいわゆる一番粉です。これは白色でデンプン質の粉であるためこの粉を更科粉と称するそうです。

また更科粉はこの一番粉とは製法が異なるという方もいらっしゃいます。その製粉方法は、割れの無い完全な抜きを臼にかけて軽く挽き割り、この割れから篩によって子葉やへたなどを取り除き、さらに上割れ（五つぐらいに割れた大きさのそろった割れ）のみを、ほとんど目の無いロールで軽く挽き割って得られるのが更科粉というのだそうです。

どちらにしても更科粉の定義は無いようで、市販されている更科粉の中には、繋がりにくい物や繋がりやすい物、純白の物や淡い色が有る物まで様々です。しかし一般的に更科粉というと、その成分はほとんどがデンプン質ですから、水で捏ねてもそばに成りません。そこで「湯捏ね」という方法でそばに仕上げますので、その方法を紹介します。

これをマスターして置きますと混ぜ物をして色を楽しんだり、香りを楽しんだり、色々なそば打ちに応用することができます。

## 更科そば打ち（二八そば）

篩にかけた更科粉８００gの中央に穴を開け（図５－44）そこに熱湯５５０gを一気に加え（図５－45）、「そばがき」を作る要領で周りの粉を棒や木ベラなどで混ぜ込みながら糊化します。熱湯は粉全量の55％になりますが、沸騰させると蒸発して減るので正確ではありません。ならば、沸騰した湯を計量すればよいのですが、湯は少しでも熱い方が良いので私はそうしています。

湯捏ねの目的は、デンプンをアルファ化（α-化＝糊化）し、その粘性を利用して麺にしようとするものです。糊の力を十分発揮するためには、80度以上が必要だと思われますので、湯が冷える前に、できるだけ多くの粉を糊化したいのです。それでなくとも鉢自体が冷えているため冬などは急激に湯の温度が下がりα-デンプンの力が十分発揮できない可能性があります。

糊を中央に集め乾いた粉をその上にかぶせてビニールなどで覆い、数分待つと蒸気が上がり蒸した状態となるので水分が粒子全体に行き渡りやすくなります。その時の温度を測ってみたら60度

図５－44

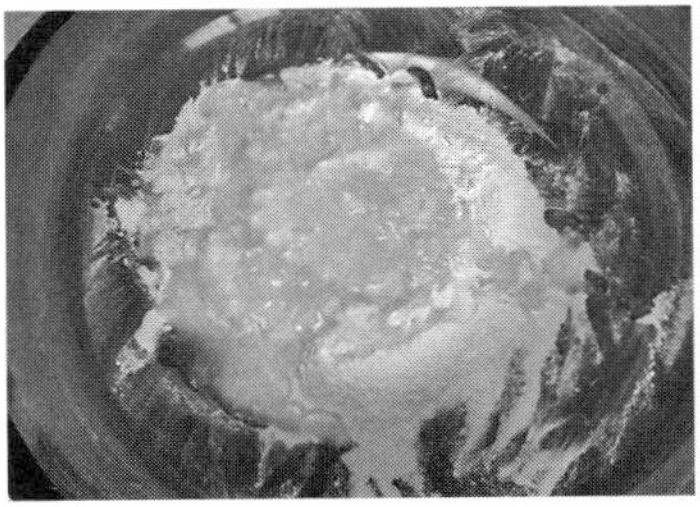
図５－45

でした（図５－46）。もはやデンプンの糊化はできにくい温度です。

その後撹拌して糊を分散し（図５－47）、ある程度冷えてから（60度以下）小麦粉を篩って加えます。小麦粉を加えるのはその成分によるグルテンの形成を利用するためです。グルテンはタンパク質ですから高温では変性し役目を果たせなくなります。しかし、グルテンの形成は60度以上でも行われるという報告も有り、ある程度早い段階で加えても大丈夫です。

小麦粉のデンプンも糊として利用するなら、予め小麦粉を混ぜた粉に熱湯を加えるのもよいでしょう。しかしこの場合、グルテンの形成は出来ず繋ぎとしての働きは無くなりますし、α－デンプンだけで繋げた場合、水分が流れやすいために時間がたつと切れやすくなることも考えられます。

決め水で硬さを調節しながら水分が粒子全体に行き渡るように捏ね始めます（図５－48）。初めは中々一塊に成りませんが手の平で体重を乗せて前に押し出すように捏ねると徐々に湿り気が出て

図５－46

図５－47

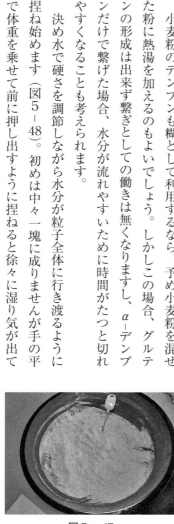

生地が軟らかくなってきます（図5－49）。さらに練り上げると粘り気が出て手の平で前に押し出しても図5－50のように切れなくなってきます。

後は菊ねりを十分行って通常の延しに入ります。ただし、更科粉は切れやすいですから「圧し延し」や「波延し」で仕上げることと、茹でたそばは硬いので、1ミリ以下の細いそばに仕上げると、茹で時間は20秒以下で美味しくいただけます。

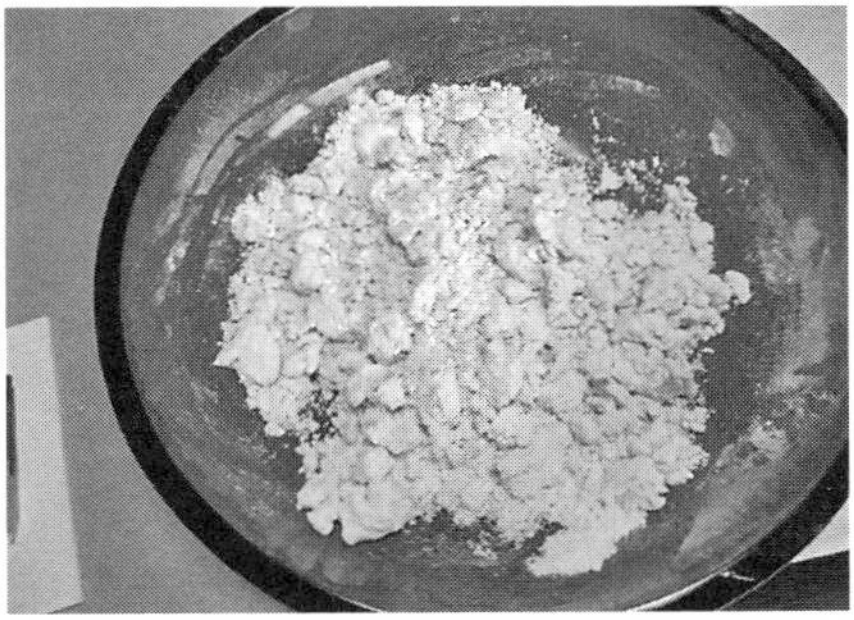
図5－48

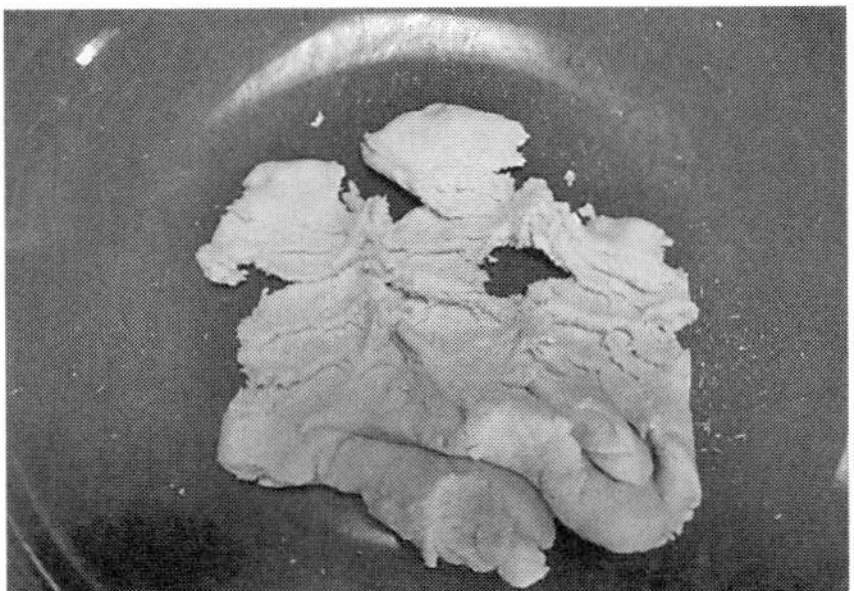
図5－49

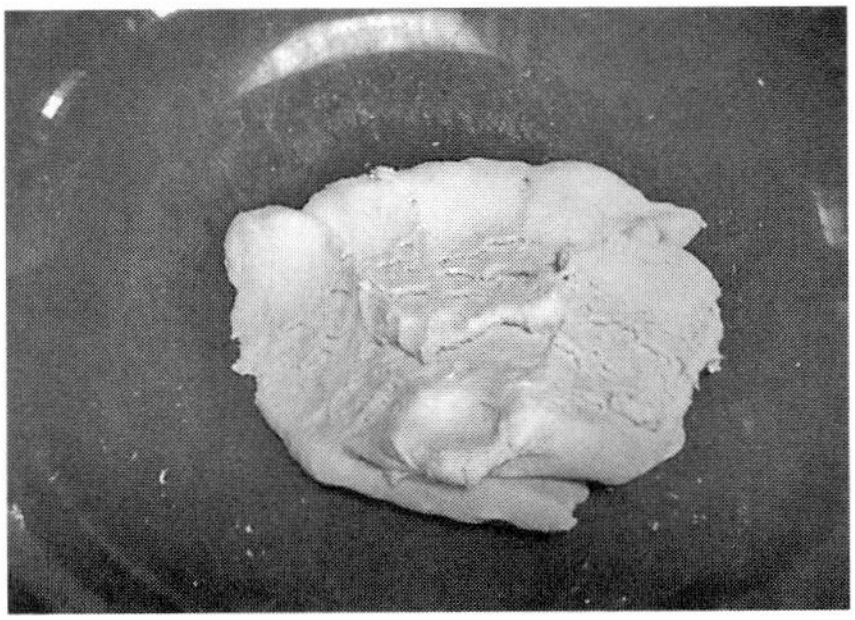
図5－50

## 変わりそば

江戸の中期そば粉の中にいろいろな種ものを入れ打ち込んだ「変わりそば」が出現しました。卵切り（卵黄だけの場合と全卵を加える場合がある）、茶切り（抹茶）、草切り（よもぎ）、胡麻切り、けし切り、木の芽切り、わさび切り、紅切り（紅花）、芋切り（山芋）、菊切り（食用菊）、ゆり切り（ユリ根）、ゆず切り、みかん切り、磯切り（浅草のり）、昆布切り、あわび切り、えび切り（芝えび、車えびなど）、鯛切り、いか切り、うに切り……さらにワインを打ち込んだ「ワイン切り」を食したことがあります。色はきれいでしたが味の方は何とも……。とにかく何を打ち込んでも構わないのです。変わりそばは、そばとしてどれだけ美味しいかということより、そば打ちの一つの楽しみとして打つ、と理解したらよいと思います。

種ものは、乾燥して粉末化して加えるもの、蒸して裏ごしして用いるもの、そぼろにするもの、しぼるもの、すりおろすもの……さまざまな形で加えます。

種ものを加える目的は、つなぎとして（オヤマボクチ、よもぎ、卵、山芋……）、香りや色を楽しむ（えび、抹茶、ごま……）など様々ですが、薄く延して細く切るために「けし切り」などの粒の粗いものを混ぜ込むのは難しいそば打ちに成ります。

色や種の香りを楽しむなら、更科粉（御前粉）を用いると良いでしょう。

## オヤマボクチ

オヤマボクチ（雄山火口）はキク科ヤマゴボウ族の多年草で、山菜として「ヤマゴボウ」と言われています（図5－51）。葉がゴボウに似ていることからそう呼ばれるのでしょう。ぼくちそばはその葉の繊維をつなぎに打つそばで更科粉でも水で繋ぐことができる程とても強い繊維です。

長野県飯山市の富倉地方で富倉そばとして有名ですが、そば以外に色々な料理の原料としてもヨモギの代わりに用いられてきました。新潟県の笹団子や山梨県と東京都檜原村の草餅などがその例です。

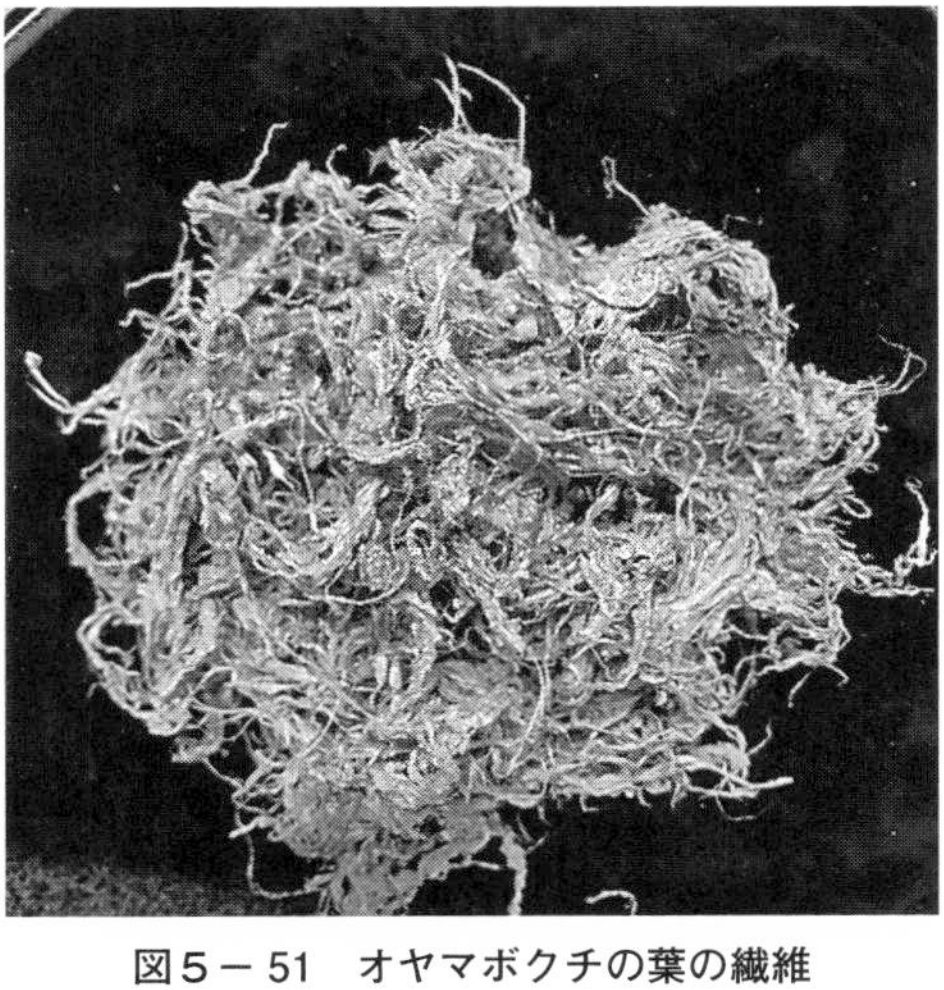

図5－51　オヤマボクチの葉の繊維

## 打ち方

打ち方は色々ありますが重要な事はこの綿毛をそば全体に万遍無く行き渡らせる事に有ります。通常通りの水回しの中に加えたのでは、いくら捏ねてもすでに遅し、繊維が固まって生地全体に散らばってくれません。

また、打ち始めは「ずる玉」気味でも本延し頃には締まってきて延すことができない程になります。それを予め考慮して水回しを行います。打ってしまえばパスタのように料理しても切れずに食べられます。

**長野県飯山の地元の方に教えていただいた打ち方**

材料

・そば粉　500g
・オヤマボクチ　2g～2・5g
・水　300g＋α

お椀1杯の湯にオヤマボクチを入れ、置いておきます。それを指で水を絞り、そば粉の中央に窪みを付けその中に置きます。そこに水を入れながらクチャクチャと回りの粉を混ぜ合わせ練り込んでいきます。全体を一つの塊にしてからも手水を加え練ってはまた水を加えオヤマボクチを混ぜ込んでいきます。デモ打ちの方は地元のご婦人で

「だいたい20分も練るべえか！」

とおっしゃっておりました。

その後丸延しで薄く延して屏風に畳んで切りました。勿論菜っ切り包丁を使い、手ゴマです。

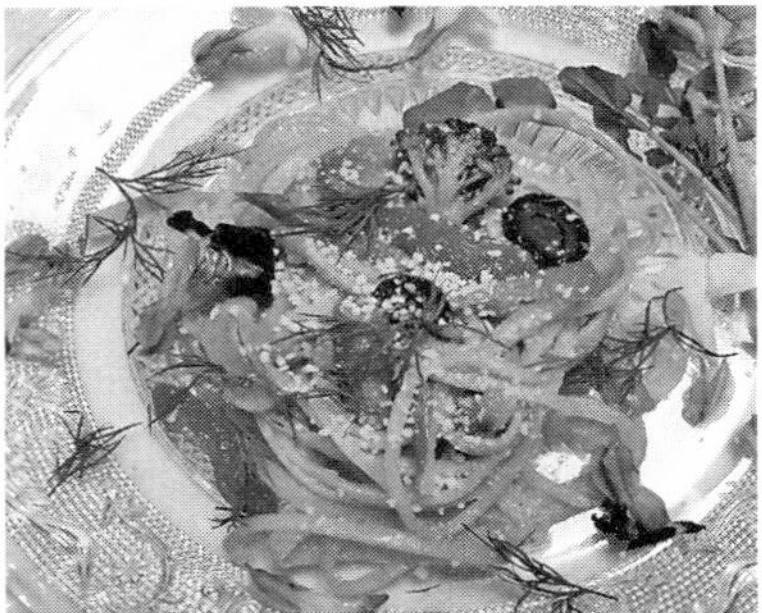

オヤマボクチそばカルボナーラ風

延した後は少し干してから切ると切りやすいのですが、干し過ぎると包丁の刃が立たないですし、畳んだ時に折り目が割れてしまいますので注意が必要だとおっしゃっておりました。

## 安田流ぼくちそば打ち

材料

・更科粉　１kg
・オヤマボクチ　５g
・水　６００g＋α

　オヤマボクチは鍋に入れ10分程湯がいてそのまま冷やしておきます（前日から水に浸けておいても良いです）。粉は通常通り水回しをしますが（図５－52）、水は１００gほど取って置きます。粉は何でも良いのですが折角のオヤマボクチが「つなぎ」の役目を果たしますので更科粉を使用します。粉によって水の量は異なりますから注意してください。

　水回しの終わった粉の一部（２００gほど）をボールに取り、絞ったオヤマボクチをほぐしながら入れ、水を少し加えて粉に少しずつ練り込んでいきます（図５－53）。指で粉とオヤマボクチをすりつ

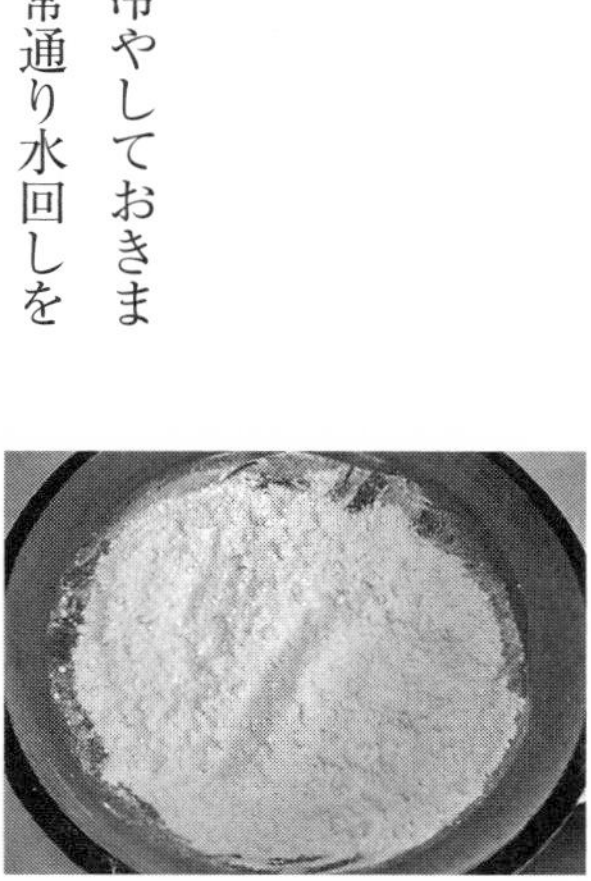

図５－52　水回し

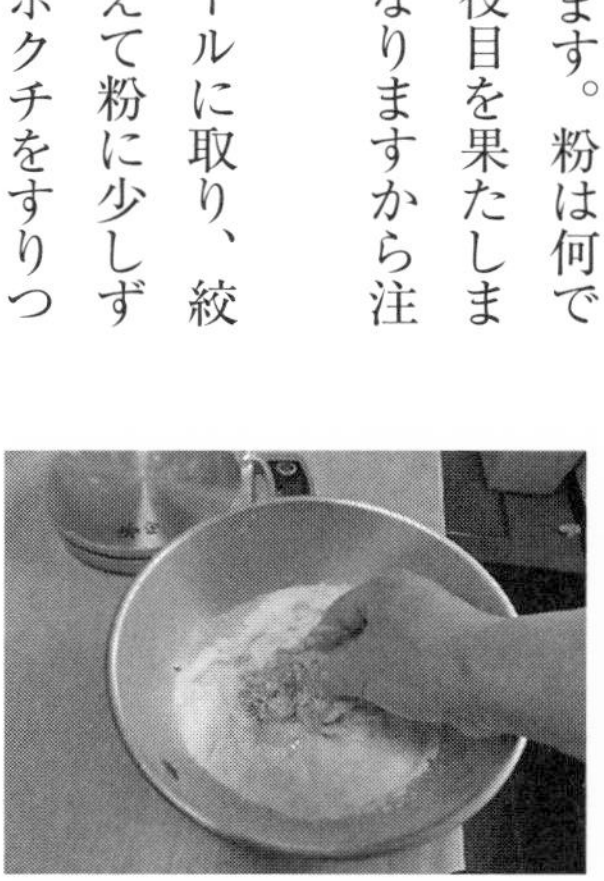

図５－53　ボクチと捏ねる

ぶすように練り込むと繊維が散ばります。何回か水を加えては同じ作業を繰り返し、全体にオヤマボクチがなじんだらしっかり練って（図5－54）水回しの終わった鉢に細かく千切って入れます（図5－55）。他の粉とすり合わせるように混ぜていくと練るほど硬くなるので都度水を加えます（図5－56）。

ドウの硬さは延しが進むにつれて固く成りますので「ずる玉」に仕上げます。その後は並粉と同じように延して仕上げますが、厚さは「向こうのお山が見えるぐらい」とおっしゃっておりました。薄く延して太く切るのが基本だそうです（平麺です）。

図5－58に繊維が見えますでしょうか。

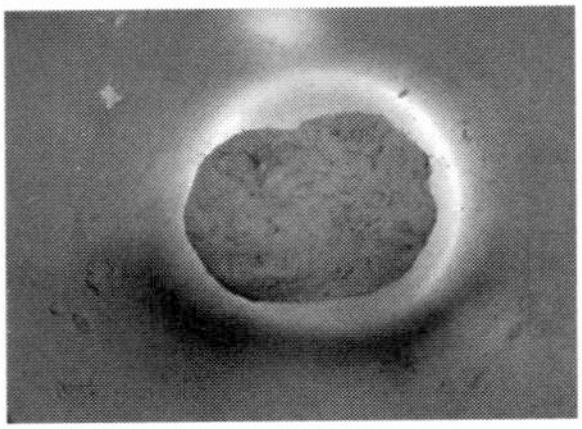

図5－54

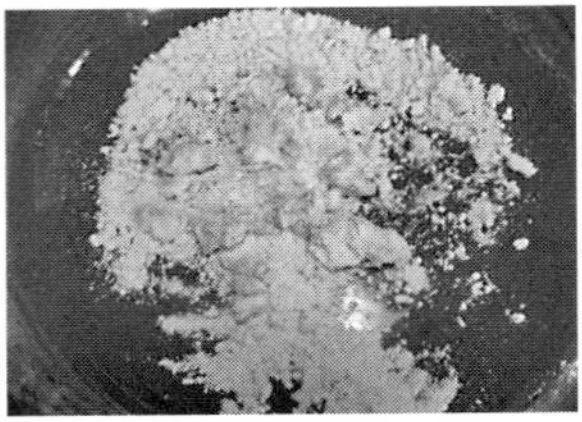

図5－55

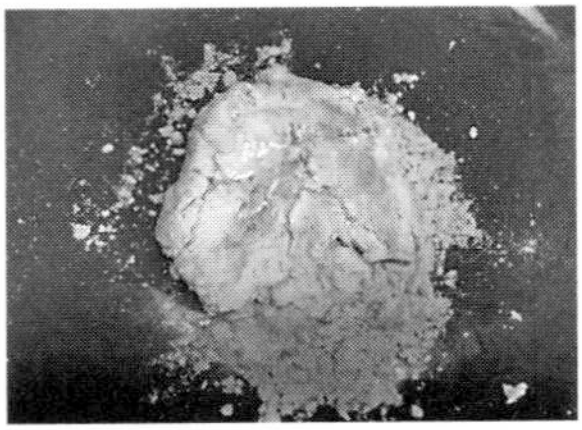

図5－56

図5－57　本延し終了

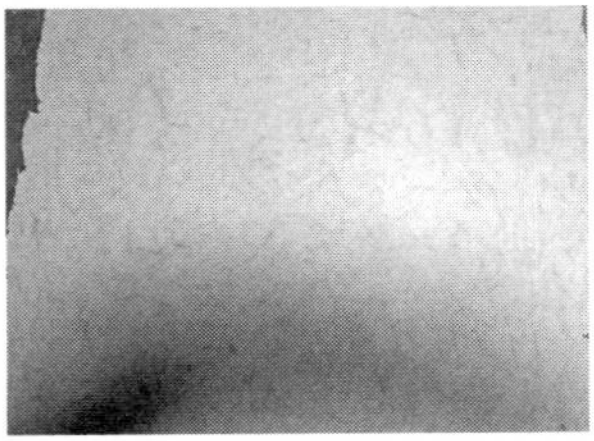

図5－58　生地に繊維が

## へぎそば

私が好きな変わりそばの一つで「へぎそば」という地方のそばが有ります。これはマスターしておくとそば打ちの幅が広がりますが紙面の都合上簡単に紹介させていただきます。ポイントさえ押さえれば、そばが打てる方なら何方でも打てますので試してみてください。

へぎそばとは、そばを薄く削った板（へぎ）に盛る事から「へぎそば」と呼ばれるようになったとのことですが、そのそばに使われるつなぎが独特です。新潟の小地谷、十日町地方が著名で海藻の「布海苔」を練り込んで打つのです。

当所は織物の町として知られていますが、この織物をするのに「布海苔」は無くてはならないものだそうです。糸に「布海苔」を加えると強度が増すばかりでなく、仕上げの際の形を整えるためにも有用だといいます。しかし織物に重要なこの「布海苔」をそば打ちに利用するなどということを良く考えたものです。好みもありますが私はとても美味しいそばだと思います。

材料

・粉　１kg（粉は好みの物で良いのですが、海藻の色と香りを楽しむそばですので、白目の粉がお勧めです。私は髙山製粉の「白樺」という粉を良く使用します。この粉はデンプン質であるにも係わらず味も香りも良い粉で気に入っています。ぼくちそばもこの粉で打った方が好みなのですが、今回は「更科の生粉で水捏ね」で繋がる事を確認するために、髙山製粉の

「御前粉」を使用しました。）

・布海苔　30g～40g（不海苔の量が多くなればそれだけこしも出ますが、少しぬめりのあるそばになります。）

**打ち方**

① 布海苔をボールに入れ水で洗います（下に沈んだものは砂や石などが入っている事があるので上澄みをすくうように取り上げます）。

② 約1ℓの水を加え木ベラで混ぜながら焦げないように注意して弱火で煮ます。

③ 濃くなってきたら水を加え糊上になるまで煮て、最終的にそば粉の重量の50％以下位になると良いでしょう（海苔の状態によっては1時間以上掛かります）。

④ 冷えたらそば粉に加え通常の水回しをしてそばに打ち上げます。加水の調節は降り水で。

**ポイント**

※布海苔が完全に溶けるまでは時間が掛かりますので①の後、水を加え一晩置いてミキサーにかけてから煮るのも良いと思います。

※銅鍋を使って煮ると青い色が良く出ます（銅イオンの影響）。

※袋に入れて必要分ずつ冷凍保存すればいつでも使えます。

※好みもありますが二八そばぐらいが、のど越しの良いそばに仕上がると思います。

# 第6章　そば切り包丁の軽量化を望む

## 1．料理修行と腱鞘炎

良くこのように質問されます。「麺帯の厚みはどこで見ているのですか。開いた生地の中央の厚みが、どうして見ただけで判るのですか」

実を言いますと私にも分かりません。「厚い（薄い）気がする」のですが、それが八割方当っているのです。これが「勘」というものなのかもしれません。では、それがいつ身に付いたのか、先ずはこの話からお付き合いください。

中三の夏でした。また父親が脳溢血で倒れたのです。最初に発症したのは私が小学五年の頃だったと記憶しています。職人だった父の収入が途絶えることは、即、明日からの食に係わる問題でした。

母は父の看病をしながら育ち盛りの私達三兄弟を養うため、内職で疲れ果てているようでした。まだ三十歳を過ぎたばかりの母の手がカサカサに荒れていたのを覚えています。

私は中学卒業を迎える年の二月には、町の老舗料亭が経営する結婚式場の厨房《ちゅうぼう》に居りました。「料理人は二十四時間料理の世界に浸かって居なければいけない」という親方の言い付けで、家に帰る事は許されませんでした。朝早くから夜晩く迄、食材の下拵《こしら》えから調理法、時には社会勉強やら人間教育までスパルタで叩きこまれました。

厨房は一つのフロアが和食と洋食に分かれていて、それぞれに料理長がおりました。入社後数カ月は食器などの洗い物が主な仕事で、パートのおばちゃん達には可愛がられました。

そんなある日、沸騰した湯に塩を一つまみ入れて、青野菜を湯がこうとしましたら、

「まて、塩が少ないぞ」

と総料理長がおっしゃるのです。

「なぜ塩湯を見ただけでその濃さが分かるのですか」

と尋ねると
「鍋から立ち上る湯気を見れば分かる」とのことでした。

その時は「そんなものか」と思いましたが、私も出汁の取り方が一人前になるころは、少し分かるようになっておりました。しかし、なぜかと聞かれますと、はっきりとは言えません。塩分濃度の違いによって「湯気や湯の重さが違って見える」とでも言いましょうか。

調理が進むにつれ刻々と変化する食材の色や匂い、神経を研ぎ澄ましてそれを肌で感じ、最も良い状態に仕上げるのが料理です。

あの時期の料理修行が、私の軟らかいＤＮＡに「料理の勘」を埋め込んでくれたのかも知れ

ません。それが今のそば打ちにも役立っているのでしょう。

藤村和夫氏著「蕎麦杜氏職必携」に次のような記述が有ります。

「祖父が私に汁の取り方を教えてくれた時に、汁の取り方はお前が生まれたときから教えてある……と申しました」とあります。

「門前の小僧、習わぬ経読む」と言われますように、老舗の職人さんは物心ついたときから料理の手順のみならず、刻々と変化する料理の色や香りを肌で感じ育っていくのです。それが鋭い「勘」を作り上げるのだと思います。

結婚式などの予約が入りますと、朝から晩まで包丁を握り、下拵えに追われます。肉料理の付け合わせにジャガイモと人参を使うにしても、それぞれ「くし形」にきれいに皮をむいた物が数百個も必要となります。それは見習の仕事です。

ある日仕事が終わり包丁を置こうとしましたら、指が開いてくれないのです。包丁を握る右手の親指を左手でこじあけて包丁を取り、下に落としました。先輩たちは
「誰でも経験することだ」と
簡単に言いますが、私にとって初めての経験でもあり、このまま指が動かなくなってしまったらと思うと、夜も眠れませんでした。

翌日も宴会の予約で、流しの前に1日中立って包丁仕事です。新前はこの程度で音を上げて

はいけないのです。

刃渡り150㎜のペティナイフは先端を数センチ残して刃の部分に薄い布を巻きます。その布の部分を持って細工するのです。何十~何百と食材の皮をむいているうちに左手の親指は傷だらけになります。寮に帰って布団に潜り込んでも足はパンパンに張れ、やり場がありません。あちらこちらに足を動かしていると、隣に寝ている先輩たちに「ウルサイ！」と叱られます。

手は親指から腕にかけて鈍痛が走りますがいつのまにか寝てしまいます。そんな日が続き、いつも左手で右手首を抑えている癖がついてしまいました。ガラスキ包丁（主に鳥をさばく際に使用する軟骨や関節を切断するための包丁）で鳥の骨付きモモ肉を多量にさばくとき等は特に、「軽く、強く、そして良く切れる包丁が有ればもっと楽なのに」と思いました。

仕事が終わると厨房の掃除と包丁研ぎは新前の仕事です。厨房は床がタイル張りでしたので、裸足でブラシを掛けて水を流します。新前が「アヒル」と呼ばれるのはこの様子を見た方がそう呼んだのが始まりではないでしょうか。

自前の高価な包丁は板前さん達がご自分で管理しますが、共同で使う包丁10本ほどの研ぎは新前の仕事です。レストランは午後9時で終わりますが、その後包丁研ぎだけで1時間以上掛かります。本当に「軽く、強く、切れるそして錆びない包丁」が欲しいと思った事を今でも思い出します。そういえば先輩たちも時々手にシップを張っておりました。腱鞘炎は私だけではなかったのですね。調理師の職業病です。

その式場は大衆レストランも併設しており、休日ともなると多くのお客様がいらっしゃいました。厨房には、料理をお出しするための四角い窓がついており、お客様が楽しそうに食事をする様子が窺えました。

いつの間にか私は、学生服を着た高校生が入店して参りますと、隠れるように客席から見えない場所で仕事をするようになっておりました。

調理器具の洗い方が悪いと言ってはそこにある物で叩かれ、野菜の下拵えが悪いと言ってはその野菜を投げつけられるという毎日を過ごしておりましたので、自分の置かれた境遇と、楽しそうに会話を楽しむ高校生を比べて、何か虚しく思うようになっていたのです。よく暗い野菜倉庫に入り、泣きべそをかいていたのを覚えています。

そんなある日、社長に呼ばれ、社長室に行ってみますと、彼は私が辞めてしまうのではないかとでも思ったのでしょうか、板前達の私に対する対応を、自分の修業時代の時と照らし合わせ私を諭すように話し始めました。一通り話に区切りがつくと、今度は突然、

「高校に行きたいか」

と尋ねるのです。ビックリして何も言えず、下を向いて黙っておりました。すると彼は、

「分かった。来年受験しなさい。それまでしっかりお金をためなさい。足らない分は私が何と

かすから」
それから半年後、高校へ進学させていただきました。
卒業後一年ほど働いて今度は大学へ進学。そして、すっかりご無沙汰しておりましたある日、料亭の前を通りましたら、社長が道にお出でになり手招きするのです。呼ばれるまま近づいて行きますと、後ろを向いて黙って歩き出しましたので後をついて行きますと、併設する超高級クラブに入っていきました。私の格好ときたら、いわゆる70年代のフォークソングブームの時代です。直ぐお分かりの方もいらっしゃると思いますが、お分かりにならない方のために、髪は肩まで伸びて、無精ひげ、ジーパンに底の厚いサンダルという格好です。それが高級クラブの表のドアから店内に入っていくのですから店員の方もビックリなさったと思います。
社長は私をカウンターに座るように言うと
「腹、すいてるだろ」と訊ねるのです。
勿論あの頃はいつも腹が減っておりましたが
「そんなには……」と答えると
「何か食べなさい」と言うのです。
遠慮も有りますし、周りは背広にネクタイ姿のお客様、奇麗なねえちゃん、いや失礼、美しいウエイトレスときたらそっちが気になって「何を食うか」と聞かれても……思わず

「スパゲッティ」
と言ってしまいました。失敗したと思いましたら
「そんなもので腹が膨れるか」とおっしゃり、カウンター越しに
「おい、肉を焼いてご飯を大盛で出しなさい」とウエイターに言うと
「いっぱい食べて帰りなさい」と私に言って何処かに行ってしまいました。

私が大学へ進学すると話したとき、それも理学部の化学科ということで、社長も私を料理の世界へ戻すことはあきらめていたのでしょう。私を息子のように可愛がってくれた社長も今は帰らぬ人となりました。あの頃は色々とお世話になりました。ありがとうございました。

そのような料亭での経験に化学の知識が加わって今の私のそば打ちを形作っています。刻々と変わりゆくそば粉の状態を肌で感じ、「美味しい」と言っていただける家族や友人の顔を思い浮かべながら、今日もそばを打っています。

## 2．そば打ちとの出会い

私がそば打ちを始めたのは既に50歳も半ばとなった頃で、その切っ掛けは飲み会の席でのチョットした言い合いからでした。この内容は「㈱リベラルタイム出版社」発刊の「蕎麦春秋」に「そば打ち名人への道程」という題目で連載させていただいておりますのでご覧いただける

と嬉しく存じます。

その飲み会の席で何故か「そば打ち」の話となりました。

「そばは切れるのが当たり前、しかし自分で打ったそばの味は格別で、何とも言いがたいよ」などと知ったかぶりで話しますと、同席の中の一人が、

「きちんと水まわしをやれば素麺のように細く打っても切れないよ。2～3日は長いままだ」などと言うのです。その「そうめんのように」と言う言葉と「長いままだ」という言葉についむきになり、彼が通うというそば打ち道場へ見学に行くことを約束してしまいました。

その日曜日、まったくそば打ちなどやる気のない私は、酒の席とは言え「厄介な約束をしてしまった」などと思いながら、待ち合わせ場所に向かいました。少し待っておりますとやがて彼が到着し、車に先導されながら程なく彼の通うそば打ち道場に到着しました。

会員達が、そばを打つ様子を見学しておりますと、着替え終わった彼氏は、道場の名前の入った作務衣と帽子に、キリリと前掛けをして、別室から出て参りました。

「そば打ちができるような格好で」と言われておりましたので、家内に借りたエプロンと三角巾を持参しましたが、着した後の自分の様相を脳裏に描いてみましたら……。しかし、食べ物を扱うのですから仕方ありません。今思えば何と可愛らしい姿だったかと思います。

今まで、ゴルフ、釣り、ボーリング、卓球、囲碁……数え切れないほどの趣味を持ちました。

しかし、そのどれを取っても中途半端で、友達と付き合いができる程度で終ったもの、そして現在進行中のものもあります。「やはり趣味は趣味の粋を超えないのであり、それだからこそアマチュアなのだ」などと苦し紛れの言い訳をしてはみても、アマチュアでもプロ並みの方はいらっしゃいます。

しかし、今回の趣味は少し違いました。例に漏れず私も「はまってしまった」のです。家族の迷惑を顧みずだんだん目標は高くなり、挙句の果てには「名人戦に出場し、素人そば打ち日本一になりたい」などと、とんでもない野望を描くようになりました。そして、そば打ち大会のために、北は北海道から南は福井まで東奔西走することになったのです。

全麺協の二段を取得すると直ぐ全日本名人大会の予選を通過し、山形名人戦では準名人を受賞した私は、道場内でも存在感を示すようになりました。そしていつの間にかそば打ちのイベントでは店頭でそば打ちを任される立場に成っておりました。

当時、日光で開催された「日光そば祭り」や松本の「松本そば祭り」等は10万人を超える来場者で賑わっておりました。

店舗数も多いのですが何しろ一日中しかも三日間続けてそばを打っておりますと、さすがに腕が腱鞘炎気味になり、あの料理修行の事が脳裏を横切ってまいりました。残念なことに「日光そば祭り」は廃止となり「松本そば祭り」は２０１９年度には台風の影響で、更にその後は新型コロナの影響を考慮し今回（2022年度）も中止となりました。

そば打ちのイベントが元気を無くしているのは寂しい限りですが、当そば塾彩蕎庵が主催する「武蔵の国そば打ち名人戦」は健在です。今年度（令和4年度）も賑やかに開催され、第9代名人が誕生いたしました。

## 3．朝倉先生との出会いで軽量そば切り包丁実現化

朝倉健太郎先生、この方は東京大学大学院工学系研究科マテリアル工学専攻において、光学顕微鏡および電子顕微鏡による材料研究・構造解析を長い間行った方です。それはチタン及びチタン合金、核融合炉壁材料、アルミニウム合金など多くの材料を対象とした研究で、各賞を受賞し、多くの著書を執筆しています。なかでもアグネ承風社出版の朝倉健太郎著「身近な刃物・日本刀・隕鉄　驚きの真実」という著書は、これ一冊で刃物の事なら何でもわかるという傑作です。そば打ちにも大いに役立ちますので是非お薦めします。

朝倉先生の功績をご紹介いたしますと、書ききれなくなり本題が遠のいてしまいますのでこの辺でお許しを願いますが、ここまでのご紹介で先生を想像なさると「何だか硬そうな先生＝金属が専門なだけに」（失礼しました。つまらない冗談です）と思われるかもしれませんが、ところが違いました。

さて朝倉先生は、そばとそして私とどんな関係が有るのか、少しずつ記述しますのでもう少しお待ちください。

先ず出会いは、先生が東武医学技術専門学校に非常勤講師としていらしておられ、同校に私も同じ非常勤講師として講義を行っておりました。

当校での朝倉先生のご講義は公衆衛生学で私は生化学でしたので、遠からず共通する話題も有り、最初はご挨拶程度の話題で毎週顔を合わせておりました。毎週同じ曜日が授業でしたので、いつの間にか私のそば打ちの話なども興味を持って聞いていただけるようになりました。

有る時、何気なく包丁の話をしましたところ、私としては高価な包丁の自慢だったのですが先生が興味を持たれたのはその重さの方でした。

「朝倉先生、そば切り包丁は特殊な形をしておりまして、昔は重さで切ると言いまして１kg以上の包丁を使っておりました。現在もプロの方は重い包丁を使用なさっている方が多いようです。私の包丁は７００g程でして、それは軽くて使いやすいですよ。鏡面仕上げだけでも高価で包丁は十数万円になります。砥ぎ代がまた高くて、家内には言えませんよ。アハハ……鏡面仕上げと言うのは……」すると朝倉先生は

「そうですか。もっと軽い包丁ができたらどうですか。そば切りは楽になりますか。実は理容師さんの腱鞘炎を緩和できたらと思い、超軽量の鋏を開発したのです。そば包丁でそれができ

たらどうでしょう」

　話はそっちの方に花開き、私も
「現在のそば切り包丁は男性用なのです。女性にはきついですし、実際イベントで私も腱鞘炎になった経験が有ります。しかし、ただ軽いだけでは……」

「駄目ですか」

「いいえ、軽い包丁ができればそれに越したことは無いのですが、そば打ち達に包丁の刃として好まれるのは鋼です。軽くするためには小さくするか、薄くするしかありません。小さくするにも道具（駒板）やそばの長さの関係上限度が有ります。薄い包丁も販売されていますが、刃が欠けやすくなりますし、バランス的にも熟練しないと使いこなすのが難しいようです。

「でしたら安田先生、刃は鋼で大きさや厚さは変えずに重さだけ軽くできたら良いのですね」

「そんなことができるのですか」

　はっきりとは覚えておりませんが、こんな内容が「超軽量そば切り包丁」開発の始まりだったと思います。

　その後先生が名誉会長を務める「ＮＰＯ法人先端医療福祉開発研究会」に私も入会させていただき「そばと長寿」などの題目で講演させていただきました。その頃には一緒に飲みながらそば包丁の話で盛り上がるまでになっておりました。

私の包丁への望みは、勿論軽量が重要ですが、それ以外に「美しく、良く切れ、刃こぼれせず、砥ぎが簡単で、安価であること」ですが、これは至難の業だそうで現在検討中です。私の役割は良く言えばアドバイザー、悪く言えばクレーマーとでも言いましょうか。何しろこんな包丁が出来たら最高ですよね！

もう一人、現物の製造に無くてはならない方を紹介します。金属については特殊技術を持つ橋本エンジニアリングの橋本裕司社長です。彼の人生理念は「私に関わる全ての人々を物心共に幸せにする」ということだそうで、「モノ作りの浜松で革命を起こす」と世界最軽量新型車椅子を開発しました。なんとあの数々の世界大会で輝かしい成績を収めている車椅子テニスプレーヤーの田中愛実選手は、橋本社長が開発した車椅子を使用しているそうですから、すごい方が近くにいるものだと驚きました。

また包丁の話から離れて行きそうですので本題に戻しますと、その開発しようとしている包丁は「軽く、良く切れ、刃こぼれせず、美しく、砥ぎが簡単で、安価である」という包丁です。

先ず、「軽くて良く切れ、刃こぼれせず」の部分では、朝倉先生が開発した技術で軽い金属と従来の鋼を「嵌合＝接合」する事でほぼ解決しました。その成果を写真と共に解説を添えて送っていただきましたので紹介させていただきます（図6－1～3）。先生は「金属・材料工学的な視点」や「開発物語」等を記した著書を執筆中との事ですので発売が楽しみです。

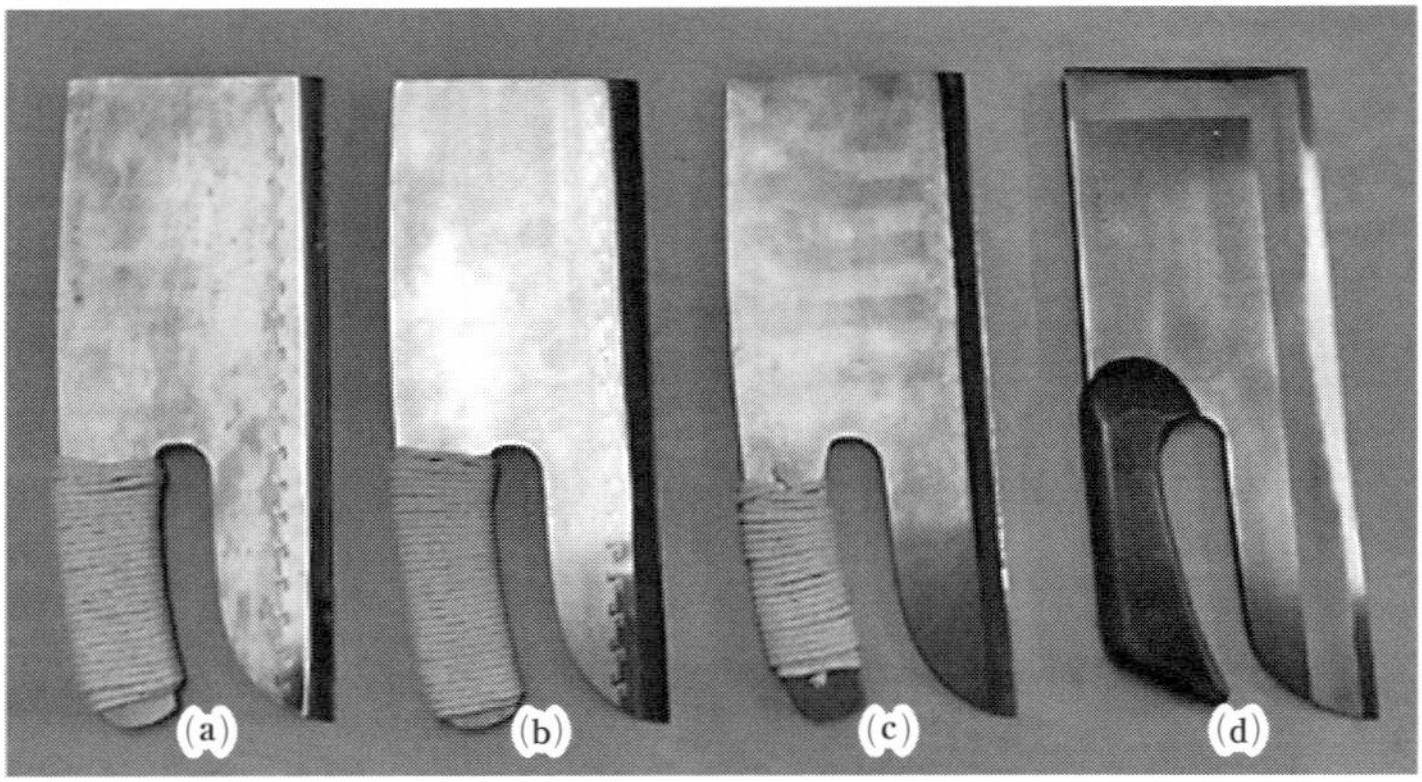


**図6－1**

(a) マグネシウム合金製（345g） (b) アルミニウム性（400g）
(c) チタン製（500g） (d) 従来の包丁（800g ～ 900g）

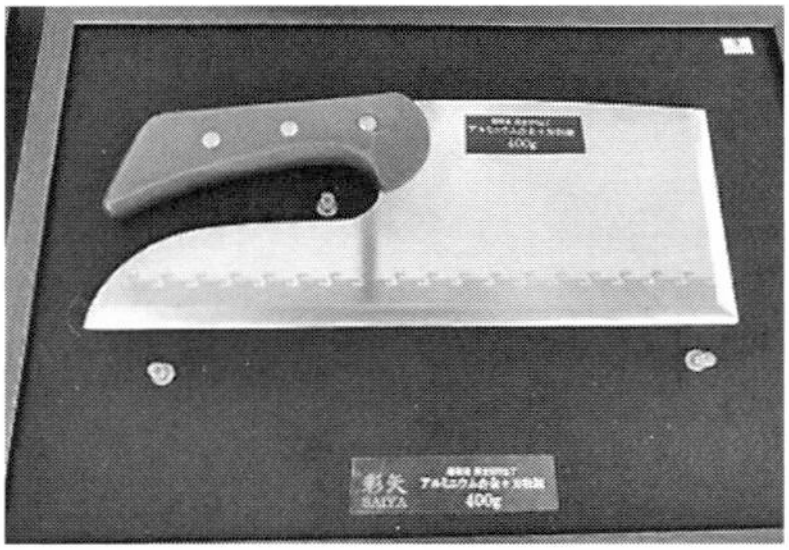


**図6－2　アルミ合金製嵌合そば切り包丁外観**

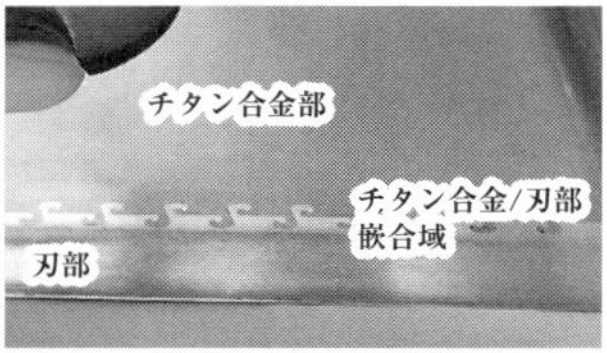


**図6－3　チタン合金部刃部の嵌合部外観拡大図**

「美しく、砥ぎが簡単で、安価である」という部分については、お二方が一生懸命に研究開発しています。その考察と改良のために私も参加していますが、担当はクレーマーですから出来上がりを楽しみに待っています。

図6－1はマグネシウム、アルミニウム、チタンにそれぞれ刃を嵌合したそば切り包丁でその重さは従来の物に比べて大分軽く成っています。まだ磨いていないので「美しい」という視点からは今一ですが、図6－2のアルミニウム製の仕上がりは美しく、高級感を醸し出しています。

しかし、異質な金属を接合しているわけですから（図6－3）その部分の強度が気になりますが、圧縮試験を行った結果外れることは無い事を確認したそうです。

あとは「砥ぎが簡単で、安価である」という部分ですが、現在検討中との事、これができれば、世界中の色々な刃物を使う方達の腱鞘炎が無くなるのではないかと夢は膨らみます。

# 最後に

私が料理の修業をしていたのは半世紀以上も前に成りますが、当時は料理に科学を持ち込むことは許されませんでした。今行っている作業が正しかろうが間違っていようが、親方や先輩達の言う事は絶対で、それを疑問視すること等とんでもない事でした。お客様に提供する料理を作るのに理由など無く、「どうしてか」「何故か」を追求するそんな暇が有ったら、技術を覚えろ、真似をしろ、盗め、そんな世界が料理の世界だったのです。

修業中の料理人が頂く給金は「全て他の料理人が作ったものを食べることに当てるべきだ」という親方の考えも有って、私の給料では到底出入りできないような高級料亭にもよく連れて行ってもらいましたし、私単独でも、色々な料理を食べ歩きました。

ある時、初めてパスタ専門店を訪れた時の話です。私が習ったパスタ（ナポリタン）の作り方は、乾麺を茹でて水洗いし、オーダーが入るとそれを具材と共に炒めて提供する。というやり方でした。ところがその店では、茹でたパスタを洗わずに、そのままソースに絡めて提供していたのです。それはショックな出来事でした。その方法では「うどんやそばを洗わずに汁を掛けるようなもので、粉臭くて食えたものではない」と思ったのです。食したときも思った通り、職場の物とは違って芯があるような、そして粉臭いような味がしたのを憶えています。後

日、その事を洋食担当の先輩に話しましたところ、
「うちの店のパスタは結婚式などで、大量に料理の付け合わせとして使用する。その場合はお客様のお口に入るまでに時間が経ってのびてしまう。その環境で少しでも美味しく食べて頂くために茹でた後直ぐ水で洗い、しっかり水を切って保存するのだ」
ということでした。その時初めてアルデンテの事や、パスタの粉臭さは美味しい香りの一種だということを知りました。つまり店には店の事情に合ったやり方が有り、それをバイブルとして料理人は育っていくのです。あの時先輩が、あのパスタ店を私と一緒に貶《けな》していたら、私は未だに「茹でたパスタは洗ってから味をつけるものだ」と思っていたでしょう。

そばは三立て（挽き立て、打ちたて、茹でたて）が美味しいと言われますが、駅そばでそれは不可能である事はお分かりと思います。つまり元々お客様にどのようなそばを提供するか目的が違うのです。プロはその店や施設に合った独自の材料や調理法で調理し、お客様に提供します。その方法を変更することは店の経営にも係わる事で容易ではないのです。ですから後輩にはその調理法をバイブルとして伝え、他の方法を行う事はとんでもない事なのです。

その後、大学を出て教員と成り、研究室では「どうしてか」「何故か」を追求するのが重要な務めに成りました。そんな世界の引退も間近と成ったある日、チョッとしたきっかけから素人そば打ちの世界に入ることになりました。すると遠い昔に私が経験した料理の世界と変わりな

い事があちらこちらで行われていたのです。

その大きな原因の一つは、今の素人そば打ちの基本技術はプロのそば職人が持ち込んだものだということに気が付きました。プロは前述したようにご自分の店の方法や、プロとして修業を積んできた内容を伝授します。それが決して悪い事ではないのですが、もしその方法がその店独自のものでしたら、それを素人がバイブルとして受け入れるのは危険だと思います。

全麺協が主催する段位認定大会で高段位を認定されたり、各団体が開催するそば打ち大会等で受賞したりすると、その段位や受賞の名の下に自分のバイブルを後輩達に伝授します。もしその方法や作業が科学的でないとしても、それを修得した者はまたそれをバイブルとして後輩に伝えます。現在の素人そば打ち界はそのような状態にあるかのように思われます。

そば打ち方法は千差万別です。そのそれぞれに素晴らしい内容が含まれます。私の教室では、先人達が作り上げて積み重ねた事実と、私がそば打ち経験を通して科学的に考察した内容を塾生達に伝えています。それを仕入れた塾生は自立してその事実を発展させていくのです。

素人そば打ち達は、今まで得た経験と知識を利用し、あなただけのそば打ち法を作り上げる時期ではないでしょうか。しかしそれが独りよがりではいけません。「十分に考察された技術を身に付けた後」ということが条件である事をお忘れなく。では皆様のご検討をお祈りいたします。

## 安田武司・そば打ち歴

平成十六年三月　そば打ちを始める
平成十七年一月　全麺協初段（努力賞）
平成十八年一月　全麺協二段位認定
　　　　　九月　全日本名人大会予選通過
　　　　十一月　決勝戦（福井）出場
　　　　十二月　山形名人戦（準名人）
平成十九年八月　全日本名人大会北海道予選通過
　　　　　十月　全麺協三段位認定（最優秀賞）
　　　　十一月　決勝戦（福井）努力賞
　　　　十二月　山形名人大会（準名人）
平成二〇年三月　全日本生粉打ち名人戦（準名人）
　　　　　十月　信州名人戦（名人）農林水産大臣賞
平成二一年三月　全日本生粉打ち名人戦（名人）
　　　　　四月　彩の国そば研究会発足
平成二一年十月　全麺協四段位取得（優秀賞）
平成二四年四月　そば工房彩蕎庵設立
平成二五年十月　武蔵の国そば打ち名人戦開催
令和元年十一月　東日本連携・創生フォーラム「郷土そばフェスタ」開催
　　　　　　　　現在に至る

【参考図書】


［1］安田武司・名人による「そば打ち」とその科学、アグネ承風社（2018年）
［2］安田武司・科学的にみた「そばQ&A」、アグネ承風社（2021年）

●著者紹介

**安田 武司**（やすだ たけし）

東武医学技術専門学校（現：国際医療専門学校）で生化学や有機化学の講師として学生の指導に携わりながら、日本医科大学老人病研究所研究員として、GTF（グルコース代謝因子）、HDLコレステロールと動脈硬化などの研究を行った。退職後、国際医療専門学校、日本医科学大学校、幸手看護専門学校、アルスコンピューター専門学校などで非常勤講師として学生の教育に携わっている。

また学校役員、NPO法人先端医療福祉開発研究会理事などを務めながら、日本の伝統食である手打ちそばの普及のために、全国ご当地そば伝統継承・推進協議会会長、そば塾彩蕎庵塾長、江戸ソバリエ講師として活動している。

**科学的にみた「おいしいそば打ち」の安田流・秘伝技術**
**（アグネ承風社サイエンス013）**

2022年12月25日　初版第1刷発行

著　　者　安田　武司
発 行 者　朝倉健太郎
発 行 所　株式会社　アグネ承風社
表紙デザイン　北嶋　　順
〒178-0065　東京都練馬区西大泉5-21-7
TEL/FAX 03-5935-7178

印刷・製本所　モリモト印刷株式会社



検印省略（定価はカバーに表示してあります）
ISBN978-4-910423-09-8
落丁本・乱丁本はお取り替えいたします。